Beatrix Schönet
Geboren in Klagenfurt. Studium der Geschichte und Germanistik in Wien. Derzeit als Webmasterin, Lehrerin und freie Autorin tätig. Lebt seit über zehn Jahren mit ihrem Mann und ihrem Sohn in der Nähe von Klagenfurt.

Günther Schönet
Geboren 1963, Kärntner auf dem zweiten Bildungsweg. Studium der Geschichte und Germanistik in Wien, dann Lehrer. Seit 1992 in der Buchbranche tätig, derzeit selbständiger Verlagsvertreter und Autor. Lebt auch – mit Frau und Sohn – in der Nähe von Klagenfurt.

www.sprechensie.at

Beatrix Schönet/Günther Schönet

Sprechen Sie Kärntnerisch?

Ein Sprachführer für Einheimische
und Zugereiste

UEBERREUTER

Für
Walter Schönet
1926–2003

ISBN 3-8000-7022-7

Coverfoto: Österreich Werbung / Graner

Printed in Austria
1 3 5 7 6 4 2

Ueberreuter im Internet: www.ueberreuter.at

Inhalt

Vorwort der gebürtigen Kärntnerin

»Kärnten – Urlaub bei Freunden«. So lautet der Slogan der Kärntner Tourismuswerbung. Und das hat einen guten Grund, denn Kärnten bietet dem Besucher nicht nur traumhaftes Wetter an traumhaften Seen: Die Kärntner sind bekannt für ihre ruhige, freundliche und gemütliche Art, durchs Leben zu gehen. *Lei låsn* (»nur keine Aufregung«), das sind die Worte, die einem einfallen, wenn man an die Kärntner denkt. – Und dass sie gerne singen. Woher diese besondere Vorliebe kommt? Die Kärntner haben eine ganz logische Erklärung dafür: *»Da Heagot håt gsungan, wiara 's Landle håt gmåcht …«*

Im Kärntner Dialekt kommt die Gelassenheit und Musikalität der Menschen zum Ausdruck – was einen aber leicht übersehen lässt, wie kompliziert er eigentlich ist. Perfekt beherrscht die Mundart nur ein geborener Kärntner. Alle Versuche von *Zuagrastn*, den Dialekt auf dem zweiten Bildungsweg zu erlernen, werden bestenfalls Teilerfolge bringen. Doch da die Kärntner sehr hilfsbereite Menschen sind, im Folgenden eine kleine Einführung:

Ein wichtiger Buchstabe ist das »a«. »A« ist aber nicht nur ein Buchstabe, sondern auch ein unbestimmter Artikel für alle drei Geschlechter: *a Mangale, a Wabm, a Råbasle*. Außerdem ist es ein Zahlwort und bedeutet »eins«. Mit »a« kann man aber auch seine Zustimmung oder Ablehnung ausdrücken: *A, so a groasa Eisbecha!* oder aber: *A, des måg i nit*.

Im Kärntnerischen kann das »a« im Wesentlichen auf drei Arten ausgesprochen werden, die sich grundlegend voneinander unterscheiden. Das erste »a« ist das helle, das feine »a« wie bei *Hasle*. Das mittlere »a« klingt wie in *Hås*, das tiefe, grobe »a« wie in *Elefånt*. – Das *Hasle*

ist ein kleines zierliches Tier, der *Hås* ist schon etwas größer und der *Elefånt* ist das größte Tier. Hier wird das »a« schon fast ein »o«. Wer jedoch davon die Regel ableiten möchte »Je kleiner das Tier, umso heller das ›a‹, beziehungsweise je größer das Tier, umso dunkler das ›a‹«, der irrt, denn ist *a Åmasn* nicht kleiner als *a Hasle*? Und ist *a Antn* nicht ungefähr gleich groß wie *a Hås*?
Das ist – vor allem für den Zugereisten – schon ziemlich verwirrend und ich kann nur Karl Morre beipflichten, der zur Komplexität der Kärntner Sprache meinte: *»Wånn mir nit so gscheit warn, mir Karntner, mir kunntn se selber går nit derlernen. – Is schon unser A so hårt – wia erscht die ånderen Buchståbm.«*

Liebenfels, Jänner 2004 *Beatrix Schönet*

Vorwort des Zugereisten

So viel ist sicher: Ein *Zuagraster* kann es bei der Aussprache des Kärntner Dialekts höchstens bis zur mittleren Reife, nie zur Perfektion bringen. Gegenüber den Kärntnern haben die Zugereisten in diesem Land aber einen großen Vorteil: Sie haben das Vergnügen noch vor sich, die Ausdrücke, Lautmalereien und Redewendungen, die dieses Land hervorgebracht hat, zu entdecken.
Das Beste, was die Kärntner in dieser Hinsicht zu bieten haben, ist in »Sprechen Sie Kärntnerisch?« versammelt, für Einheimische zum Schmunzeln und Erinnern, für Zugereiste zum Nachschlagen und Neu-Entdecken – *»lei a Biachle zan Eineblatln und Nåchschaugn«*.

Liebenfels, Jänner 2004 *Günther Schönet*

A

a auch (lang ausgesprochen). *A e i a?* (Ach, soll ich auch?)

a ein, eine (unbestimmter Artikel, kurz ausgesprochen) *So a diare Kraksn!* (So eine dünne Frau!) Vom unbestimmten Artikel gibt es auch die Mehrzahl *ane*: *ane dickn Strempfa håbm* (dicke Beine haben)

åba aber; herab, herunter. *Steig åba vom Bam, åba schnöl a no.* (Steig vom Baum herunter, aber schnell.)

åbatschåtan regnen. *Heats heit går neama auf zan Åbatschåtan?* (Hört es heute gar nicht mehr auf zu regnen?)

åbe hinab, hinunter

åbekian etwas mit Wucht hinunterwerfen; hinunterkehren

åbelatn schnell trinken. *A muast du des Bia so åbelatn?* (Musst du das Bier so schnell trinken?)

åbestrafn hinunterziehen, Holz ins Tal bringen

åbewiagn hinunterwürgen, hastig essen, schlingen. *Iss a bisle långsåma und tua nit åls so* *åbewiagn.* (Iss ein bisschen langsamer und schling nicht alles so hinunter.)

åbgebrunan	abgebrannt; Pleite sein
åbgedraht	durchtrieben
åbkiefln	abnagen
Åbnd, Åbmp	Abend
åbpölzn	Ein abgeschnittener Teil einer Pflanze wird ins Wasser gestellt, bis er Wurzeln bekommt, und dann wieder in die Erde eingesetzt. *Mågst a Pölzale håm?* (Willst du einen Ableger haben?)
åbraman	abräumen, wegräumen; gewinnen
åbrippln	abreiben, kräftig abtrocknen
åbschnudln	(innig und leidenschaftlich) küssen
åbschraufn	abschalten. *Schrauf dås Liacht åb, is jå schon hell!* (Schalte die Lampe aus, es ist ja schon hell!)
åbtschapian	davonlaufen, flüchten. *Tschapia endlich åb!* (Verschwinde endlich!)
akrat	ausgerechnet jetzt; genauso wie. *Dea schaut akrat so bled wia du.* (Der schaut genauso blöd aus der Wäsche wie du.)
alanig	alleine. *I glab, du bist a nit gånz alanig im Kopf.* (Ich glaube, du bist nicht ganz richtig im Kopf.)
Ale	Ei (»Eilein«). *Alan kafn lafn.* (Eier kaufen laufen.)
ålemål	noch immer

åle Rit häufig, alle Augenblicke. *Heast, wiaso rennstn åle Rit aufs Haisle.*

ålewal ständig, immer. *Warum tschindastn di ålewal nieda?* (Warum betrinkst du dich ständig?)

aln eilen. *I muas ham aln.* (Ich muss nach Hause eilen.)

ålswia wie. *Bleda ålswia zehn Toggan zåm* bedeutet, dass jemand ausgesprochen dumm ist.

åltfatrisch altmodisch. *De Tranga is åltfatrisch ångezogn!* (Diese einfältige Frau ist altmodisch gekleidet!)

amål einmal, einst. *Amål noch, dån kleschts.* Diese Drohung sollte man unbedingt ernst nehmen.

ament vielleicht, etwa doch, wirklich. *Håst ament do Recht?* (Vielleicht hast du doch Recht?)

ånfarbln anmalen, schminken. *Håst di a bisl zvüll ångfarblt?* (Hast du dich etwas zu stark geschminkt?)

ångekultat dick angezogen. *Dea is ångekultat wia im Winta.*

ångenzn eine Packung oder eine Flasche öffnen und einen kleinen Teil des Inhalts wegnehmen

Ångeziagach unvorteilhafte Kleidung

ångramt »angeräumt«, vollgeräumt

ångschodat	dumm, unintelligent. *Bist ångschodat, oda wås?* (Bist du blöd?)
ångsofn	mit Flüssigkeit angesogen, betrunken. *Mei, is dea Tegl ångsofn.* (Ach, ist dieser Idiot betrunken!)
ånkablig	lästig, aufdringlich. *Sei nit so ånkablig, sunst tuschts!* (Sei nicht so aufdringlich, sonst gibt es Ärger!)
ånkian	angeben. *Ånkiara*: Angeber
ånlegn	anziehen. *A weast di heit noch ånlegn, oda wia?* (Zieh dich endlich an!)
ånpåmpfm	sich anessen; viel anziehen. *Ma bittschen, påmpf des Buzale doch nit so ån ba da Hitz!* (Zieh dem Baby nicht so viel an, es ist doch so heiß!)
åntauchn	anschieben, ruckartig schieben. Ein *Taucha* ist ein Schubs.
Antn	Ente(n)
åntoggan	sich zu viel anziehen. *Da Togga toggat sich ån.* (Der Idiot zieht sich viel zu viel an.)
asa	anderer Ausdruck für »aua«
åstnan	sich heftig bewegen, unruhig sein
aufa	herauf
auf d' Nåcht	abends, am Abend
aufdran	sich aufregen, einen Wirbel machen
aufe	hinauf. *Kimst aufe oda brauchst a Lata?* (Kommst du hinauf oder brauchst du eine Leiter?)

aufkåltn aufheben, behalten. *Des ålte Glumpat weast åba wol nit aufkåltn woln?* (Das alte Zeug wirst du doch nicht aufheben wollen?)

aufklaubm (vom Boden) aufheben. *Klaub nit åls auf, du klans Fakle.* (Heb nicht alles vom Boden auf, du kleiner Schmutzfink.)

aufkliabm (Holz) aufspalten

auflisnan unbemerkt ein Gespräch mithören. *Tuast schon wieda Redn auflisnan?* (Lauschst du schon wieder heimlich?)

aufpudln sich aufregen. *A muast di so aufpudln, du blede Treapm!* (Reg dich nicht so auf, du blöde Person!)

aufstaggan zerteilen, aufstochern. *Ma bitte, stagga du da Klan dås Esn auf.* (Bitte zerkleinere das Essen für die Kleine.)

ausa heraus

ausaluksln sich etwas erbetteln, abluchsen. *Håst dem åltn Weiblan den letzten Groschn ausagluksl*t? (Hast du der alten Frau das letzte Geld abgeluchst?)

ausetrazn hinauszögern

ausfisln Hülsenfrüchte von der Hülse befreien

ausfratschln aufdringlich ausfragen

ausgschåmt unverschämt, schamlos. *Des is a ausgschåmts Weibsbüld.* (Das ist eine unverschämte Frau.)

Ausgschau Unordnung. *Du håst a Ausgschau då,*

das de Sau graust. (Du hast eine fürchterliche Unordnung.)

ausgschissn — Vertrauen, Zuneigung verloren. *Du håst ausgschissn ba mia, du ålte Ratschkatl.* (Ich habe kein Vertrauen mehr zu dir, du alte Tratschtante.)

ausgwegslt — wie ausgewechselt, übermütig, fröhlich. *Des Diandle is heit wia ausgwegslt.* (Das Mädchen ist heute so fröhlich – im Gegensatz zum Tag davor.)

auskeman — »auskommen«, zurechtkommen; entgleiten, entkommen. *Wo is dea denn auskeman?* (Von wo ist dieser Mensch ausgebrochen?)

ausschau(g)n — »ausschauen«, aussehen. *Du schaugst aus wia a gspibms Geaschtl.* (Du siehst krank aus.)

ausspatzn — Stamm oder Ast von Nebenästen befreien

auszuzln — aussaugen

a wo — irgendwo. *A wo weat da Bsuf schon liegn.* (Irgendwo wird der Säufer schon liegen.)

B

Wörter, die Sie unter B nicht finden, stehen sicher unter P

bachlwårm	lauwarm
båchn	backen. *Håst fia dein Bsuach schon a Tuatn gebåchn?* (Hast du für deine Gäste schon eine Torte gebacken?)
bade	beide. *San bade Åfn tepat woan?* (Sind beide verrückt geworden?)
Bäk	Bäcker. *Zan Bäk lafn Brot kafn.* (Zum Bäcker gehen, um Brot zu kaufen.)
Baludra	Gesöff, meist ist damit dünner Kaffee gemeint.
Bam	Baum. Wenn Kinder auf Bäume klettern, dann *tuan se bamkraksln. Baml(e)* (Bäumchen)
Ban(d)a	Knochen. *Weast du de Banda åbnågn?* (Wirst du die Knochen abnagen?) *Banle* (kleiner Knochen)
Beandlan	Bohnen. *De Beandlan blan gånz schen.* (Die Bohnen verursachen ziemliche Blähungen.)
beas	böse. *Wås schaugstn so beas?* (Warum schaust du so böse?)
Beasch	junger Mann, Junge, Bursche. *Des*

Diandle schaugt aus wia a Beasch. (Das Mädchen sieht aus wie ein Junge.)

begln bügeln

beguatn trösten, beruhigen, schön tun. *Geh du dås Buzi a bisl beguatn.* (Beruhige du das Baby.)

beilafig ungefähr

beinånd zusammen, beieinander; gesund. *Wie bistn beinånd?* (Wie geht es dir gesundheitlich?)

beitln beuteln, schüttlen. *Der håt mi so gebeitlt, dås i gedåcht håb, da Kopf fliagt ma åbe.* (Er hat mich so stark geschüttelt, dass ich gedacht habe, mein letztes Stündchen hat geschlagen.)

Beivegl Bienen

betschwar »bettschwer«, müde

Biable kleiner Bub. *Gib des in de Biablan.* (Gib das den Buben.)

Biale Bier. *Gehma a Biale trinkn.* (Trinken wir ein Bier.)

Bian Birne, Kopf, Schädel. *Gestan håb i ans auf de Bian kriagt.* (Gestern habe ich einen Schlag auf den Kopf bekommen.)

biandln stürzen. *Då håts mi aufgebiandlt, dås de Hälfte a gnua gwesn war.* (Ich bin sehr schwer gestürzt.)

biaschtln bürsten; übermäßig Alkohol trinken. *Da Beasch biaschtlt gånz schen.* (Der junge Mann trinkt ziemlich viel Alkohol.)

Bigale — verdorbenes Ei

Bischn — Blumen, Büsche

Bisguan — böse, bissige, unhöfliche Frau

bisl, a bisale — ein bisschen

blåsn — blasen. *Wennst nit glei a Rua gibst, wea i da den Marsch blåsn.* (Sei leise, sonst gibt es Ärger.)

Blåta — Blase

blatlvoll — bis zum Rand voll

bleadlad — abgestanden, lauwarm (Getränk); *a bleadlads Gsiff* (ein abgestandenes und somit grausliches Getränk)

bleagazn — zwinkern, blinzeln, aufflackern. *De Sun bleagazt hinta da Wolkn ausa.* (Die Sonne blinzelt hinter der Wolke hervor.)

Bleamle — Blume; auch: *Bliamle*

Blia — Blüten. *De Blia vom Hola* braucht man für die *Holastraubm* (im Teig herausgebackene Holunderblüten).

blian — blühen. *Mein Gott na, aufm St. Veita Hauptplåz bliat åba åls so schen.* (St. Veit an der Glan ist bekannt für seine Blumenpracht im Sommer.)

bliatn — bluten. *Geh vaschwind, dea bliatat jå wia a Sau.* (O Gott, der blutet wirklich sehr stark.)

blindschgat — schlecht sehend, blind

Bloch — geschlägerter Baumstamm, Rundholz

blo(a)sfuasat — barfuß

Blunzn Blutwurst; unsympathische Frau. *Ma, des is åba a feste Blunzn.* (Das ist eine extrem unsympathische Frau.)

Bluza Kürbis; großer Kopf. *Dea håt an groasn Bluza.*

Boksheandlan »Bockshörnchen«, Johannisbrot

bosln unerlaubte Dinge tun, Unfug treiben. *Hea auf zan Bosln, du Mistvich.* (Hör auf, Unsinn zu treiben.)

Brantschalan leicht angebrannte Käsnudeln

Brasetn Mürbteiggebäck, Kipferl als Geschenk für die Wöchnerin von den Paten des Kindes

Brate Ohrfeige

Brefale Amulett, Anhänger

Brekle kleiner Brocken. *Håst Breklan glåcht?* (Hast du dich übergeben?)

Brena brennender Schmerz, meist von kurzer Dauer

brezln donnern, brennen. *Da håts an Brezla gmåcht, als ob da Blitz bei uns eingschlågn hät.* (Da war ein Geräusch, als ob der Blitz bei uns eingeschlagen hätte.)

britschln mit Wasser spielen

brokn sammeln, pflücken. *Gehma Schwamlan brokn?* (Willst du Pilze pflücken?)

bruatn brüten. *I glab, du bruatast wås aus.* (Ich glaube, du wirst krank.)

Bsuach Besuch. *Wån kimtn dei Bsuach?* (Wann kommt dein Besuch?)

Bsuf Alkoholiker, Säufer. *Du Bsuf, dia wea i schon hamleichtn!* (Du Säufer, dir werde ich schon zeigen, wo du zu Hause bist!)

Bugl Buckel, Rücken. *Lek mi am Bukl.* (Rutsch mir den Buckel hinunter.); *buglat*: bucklig. Die *Buglkraksn* ist eine Rückentrage, wie sie auch der *Krampe* (Krampus) verwendet.

buglfünfan gern haben (ironisch gemeint). *Du kånst mi buglfünfan.* (Du kannst mich gern haben.)

Buschkawetl Blumen. *Du håst an Haufn Buschkawetl zan Giasn.* (Du hast viele Blumen, die du gießen musst.)

Buschn Strauß, Büschl. *A Buschntegl* ist ein Blumentopf.

Busl, Busale Kuss, Küsschen. Wenn zwei sich küssen, dann *busln* sie.

Buzale, Buzi Baby

D

a b c d e f g h i j k l m n o p q r s t u v w x y z

Wörter, die Sie unter D nicht finden, stehen sicher unter T

da — der. *Da Bua is dåda.* (Der Junge ist hier.)

då(da) — da, hier. *Dåda daglengama degena Drimle.* (Hier kommen wir zu diesem kleinen Stück hin.)

dafångan — erfangen, sich (von einer Krankheit oder einem Schock) erholen

dagatan — ergattern, etwas bekommen

daglengan — erreichen, hinkommen. *Daglengst zuawe?* (Erreichst du es?)

dahåbm — (gerade noch) festhalten. *Bin i da z'schwa oda weast mi dahåbm?* (Bin ich dir zu schwer oder kannst du mich noch festhalten?)

dåig — einheimisch, von hier. *I bin a Dåige, åba mei Mangale is a Zuagrasta.* (Ich bin eine Einheimische, aber mein Mann ist ein Zugereister.)

dåldan — plaudern, ohne nachzudenken reden. *I e so Schädlweh und de dåldat und dåldat.* (Ich habe schlimme Kopfschmerzen und sie redet unaufhörlich auf mich ein.) *Dåldra* ist eine Person, die gerne und viel redet.

Dam Daumen. *Rechts is då, wo da Dam links is.*

dånkschen danke. *Und dånkschen fia niks.* (Danke für nichts – Ausdruck der Enttäuschung, wenn die Bitte um Hilfe abgelehnt wird.)

dapåkn etwas schaffen können

darapln sich erholen, aufrappeln. *Ea wår echt lez beinånd, åba jetzt håta sich wieda daraplt.* (Ihm ist es sehr schlecht gegangen, aber jetzt hat er sich wieder erholt.)

daschnaufn (bei körperlicher Anstrengung) genug Luft bekommen, etwas schaffen, etwas zu Stande bringen

dasegn etwas gerade noch sehen können, bevor es aus dem Blickfeld verschwindet

dastessn verunglücken; viel zu tun haben. *Gestan håb i mi vua lauta Årbat dastessn.* (Gestern hatte ich sehr viel zu tun.)

datruzn ertrotzen. *Du glabst wol, du kånst åls datruzn?* (Du glaubst wohl, dass du alles ertrotzen kannst?)

dawal inzwischen, während, solange. *Dawal mei Mangale mei Wäsch beglt, leg i mi in de Sun.* (Während mein Mann meine Wäsche bügelt, sonne ich mich.)

dawuschn erwischt, erreicht. *Hiaz håb i den Teigas niama dawuschn!* (Jetzt habe ich den Mistkerl nicht mehr erwischt!)

dazöln erzählen; *an Schas dazöln* (Schwachsinn erzählen)

de die, diese; *de He* (die Polizei)

deachl	(dort) drüben; *deachl ume* (dort hinüber)
dean, dian	dörren. Wenn man Birnen *deat,* erhält man Kletzen. *Diat* man Weintrauben, werden daraus Rosinen.
Deandle	Mädchen; auch: *Diandle*
dechta	doch. *Weast jå am Suntåg dechta wol zur Taf vom Clemens keman?* (Du wirst am Sonntag doch zu Clemens' Taufe kommen?)
degane, dege	die- oder derjenige, diese(r). *Degane Treapm håt ma åls dazölt.* (Diese dumme Kuh hat mir alles erzählt.)
dei	dein
deidei	flott, schnell
Deita	Stoß, Schubs. *Dem Tegl håb i nua an leichtn Deita gebm.* (Dem unsympathischen Mann habe ich nur einen leichten Stoß versetzt.)
desp(a)rat	erstaunt, sprachlos, überrascht
Dialing	dünner Baum oder Mensch
Dresch	Schläge. *Wennst weita so frech bist, dån kriagst Dresch.* (Wenn du weiterhin so frech bist, bekommst du Schläge.); *dreschn* (schlagen)
Drimle	ein kleines Stück. *Drimlan* sind mehrere kleine Stücke und *a Drum* ist ein großes Stück.
Drischpl	Türschwelle

drukn	drucken; jemanden umarmen; jemanden schlagen. *Hålt de Papm, sunst druk i da ane.* (Halt deinen Mund, sonst schlage ich dich.)
Druzl	dicke Person
duach	durch. *duachraitan* (durchsieben)
Duan	verdorrter bzw. dürrer Baum. *Duat steht a Duan.* (Dort steht ein dürrer Baum.)
duat(n)	dort
dumpa	Zustand des Dunkelwerdens, dämmrig. *Es weat glei dumpa.* (Es wird bald dämmrig werden.)

E

e	ohnehin (lang gesprochen). *I bin e duatn.* (Ich bin ohnehin dort.)
Eaba(lan)	Erdbeeren
Eacha	Ähre (gailtalerisch)
eanta	gerade eben, eher, früher, zuvor, vorhin, lieber. *Eanta wår i ziemlich desprat.* (Vorhin war ich ziemlich erstaunt.)
eina	herein. *Schaugst heit amål eina bei mia?* (Kommst du heute bei mir vorbei?)
einakuman	hereinkommen. *Wenn nit båld a bisl a Kies einakimt, dån kema bådn gehen.* (Wenn wir nicht bald Gewinn machen, müssen wir in Konkurs gehen.)
eine	hinein. *Geh eine, wennst di traust.* (Geh hinein, wenn du mutig genug bist.)
einekian	jemandem einen Schlag versetzen, etwas irgendwo wütend hineinwerfen
einelåsn	»hereinlassen«, jemandem einen Streich spielen. *Dea Beitl håt ihm åba schiach eineglåsn.* (Dieser Gauner hat ihm einen ordentlichen Streich gespielt.)
einemeian	einer bestimmten Person gefallen wollen

Hea auf zan Einemeian, håst eh kane Meta. (Hör auf mit deinen Bemühungen, du hast sowieso keine Chance.)

einesågn — jemandem die Meinung sagen. *Då håb is ihm richtig einegsågt, wal i so krawutisch wår.* (Da habe ich ihm ordentlich die Meinung gesagt, weil ich so zornig war.)

einetamischn — etwas beginnen, ohne vorher darüber nachzudenken, unüberlegt in etwas hineinstürzen, z. B. in ein Geschäft oder in eine Liebesbeziehung

einetoggan — wie ein Wilder arbeiten, sich in Arbeit stürzen. *Wås toggastn so eine ba da Hiz!* (Warum stürzt du dich so in die Arbeit, es ist doch so heiß.)

einetschindan — irgendwo hineinfahren, hineinkrachen, hineinfallen. *Dea Tschuatschntola is mit sein åltn Kota in an Bam einegetschindat.* (Dieser Dummkopf ist mit seinem alten Auto in einen Baum hineingekracht.)

einetuatschn — hineinstoßen, -schlagen, -fahren. *Dea Tschinehane is in mei neis Auto einegetuatscht.* (Dieser Einfaltspinsel ist in mein neues Auto hineingefahren.)

einewamsen — hineinschleudern, -werfen, -schlagen. *Mi håts åba so in den Zaun einegwamst, dås i nua mea Steandlan gsegn håb.* (Mich hat es so in den Zaun hineingeschleudert, dass ich nur mehr Sterne gesehen habe.)

einfadln — einfädeln. *Håst du des eingfadlt, dås dea*

Tschriasche mit mir fuatgehn wül? (Hast du das eingefädelt, dass der Schwachkopf mit mir ausgehen möchte?)

eingehn »eingehen«, sterben. Wenn jemand keinen grünen Daumen hat, dann werden ihm *de Bischn eingehn.*

einhazn einheizen. Wenn man jemanden odentlich auf Trab gebracht hat, dann hat man ihm *gscheit einghazt.*

einsaman einsäumen. Wenn man *a Dekale einsamt,* dann säumt man eine Zierdecke ein.

einstrafn stehlen, etwas wegnehmen, einheimsen, sich etwas aneignen

Eiro Euro. *Gib ma an Eiro und zehn Zent* bedeutet nicht, dass man einen Euro und zehn Zähne haben möchte.

Eitabian »Eiterbirne«, wird generell als Schimpfwort verwendet

ekat eckig

ekstrig extra, außertourlich, außergewöhnlich. *Du brauchst åba nit ekstrig wegn mia einkafn gehn.* (Du musst meinetwegen nicht extra einkaufen gehen.)

enk, enka euch. *I zål enk a Runde Schnåps.* (Ich spendiere euch eine Runde Schnaps.)

entn jenseits, drüben

entrisch unheimlich, nicht geheuer. *Då im Wåld wårs gånz schen entrisch!* (Im Wald war es sehr unheimlich.)

epa etwa. *Mågst mi epa doch?* (Magst du mich etwa doch?)

epadenawol hoffentlich, doch, wohl. *Du weast epadenawol keman, oda?* (Du wirst doch kommen, oder?)

epagår etwa schon. *Is epagår schon liacht drausn?* (Ist es etwa schon hell draußen?)

Epfl Äpfel. *Epfl boasn* (mit einer langen Stange Äpfel vom Baum schütteln)

Erdbian, Erdepfl Erdäpfel, Kartoffel. *Erdepflstrempfa* (Gerät zum Zerkleinern von gekochten Kartoffeln)

etlane einige, etliche. *Dea Bsuf håt heit schon etlane Achtalan åbeglatat.* (Dieser Säufer hat heute schon einige Achterl getrunken.)

etzale ganz wenig. *A etzale håt no gfalt und i hät gwunan.* (Ganz wenig hat gefehlt und ich hätte gewonnen.)

ezefize gerade deshalb, justament. *Ezefize wül i Epfl boasn.* (Ich will unbedingt jetzt Äpfel vom Baum schütteln.)

Fådn	Faden; Kälte. *Ma, da håts an Fådn.* (Es ist extrem kalt.)
faistlweis	faustweise
Fåk	Schwein; unhygienischer Mensch. *Fåkn-fuata* (Schweinefutter)
Fakle	kleines Ferkel; Schmutzfink
faln	fehlen. *Onkl Franze, wås falt da denn?* (Onkel Franz, was hast du?)
Fålta	Gatter. *Faltale* (kleines Gatter, Zauntür, meist aus Holz)
Farfalan	spezielle Suppeneinlage
farfln	viel Belangloses reden
fårn	fahren. *I får Stådt.* (Ich fahre in die Stadt.) *Fårma Tarvis eine a Mortadella kafn.* (Fahren wir nach Tarvis, um dort Mortadella zu kaufen.)
Feaschn	Ferse. Wenn jemand *Feaschngöld gibt,* dann läuft er davon.
featn	im vergangenen Jahr; *vuafeatn* (vorvoriges Jahr, also vor zwei Jahren)
fechtn	betteln, um etwas bitten

Feichtn Fichte. *De schene Feichtn wülst schlegan?* (Diese schöne Fichte willst du fällen?)

feigln wenn eine Sache nicht und nicht funktionieren will

feintla ziemlich, überaus, sehr. Wenn die Straße *feintla hal* ist, dann ist sie ziemlich rutschig.

Feitl Taschen-, Klappmesser

Fetzn Kleidung; Vollrausch. *Du håst an Fetzn ghåbt, dåsda neama gwust håst, wiast haßt.* (Du hast einen solchen Vollrausch gehabt, dass du nicht mehr gewusst hast, wie du heißt.) Wenn man *fetzntamisch* ist (einen übertriebener Hang zu modischer Kleidung hat), geht man oft zum *Fetzntandla* (Kleidergeschäft). Ein *Fetznschädl* ist ein dummer, einfältiger Mensch.

fetzn schneien; unleserlich schreiben; prügeln, raufen. Eine *Fetzerei* ist eine Schlägerei.

fia für. *Des is fia Årsch und Friedrich.* (Das taugt nichts.)

fiaranånd aneinander vorbei, sich (bei einem Streit) nicht einig werden können. *Mit meim Beasch bin i nit fiaranånd keman.* (Mit meinem Sohn konnte ich nicht einig werden.)

Fias Füße

fiasln »füßeln«, sich heimlich unter dem Tisch mit den Füßen berühren

fiaswakn	an einem schönen Kärntner See die Füße ins Wasser baumeln lassen; ein Fußbad nehmen
Fiatach	Tuch, Fetzen, Schürze
fiatig, fiate	fertig. *Bist fiate mitm Fiaswakn?*
Fichtnmoped	Motorsäge
fiesln	leicht regnen oder schneien; Knochen auslösen
finstalat	dämmrig, dunkel
Finstra	Dunkelheit. *In da Finstra fiacht i mi.* (In der Dunkelheit fürchte ich mich.)
fipan	nervöse Bewegungen machen, herumfuchteln, unruhig sein
Fischl	Filetstück vom Schwein, Lungenbraten
Fizale	winziges Stück
fizln	sehr klein schreiben
fladan	stehlen. *Wehe du fladast ma noch amål mei Schogalad.* (Wenn du noch einmal meine Schokolade stiehlst, passiert etwas Schlimmes.)
Flaidn	vom Hafer abgesondertes, feines Streu. Ein *Flaidnsåk* wurde früher statt der Matratze verwendet
Flanggale	Flocke, Staubteilchen, kleiner Teil der Milchhaut. *Mi grausts so voa de Flanggalan in da Mülch.* (Mich ekelt es, wenn ich diese kleinen Milchhautreste in meiner Milch sehe.)

Flåschn	lustiger, aber nicht unbedingt intelligenter Mensch; Flasche; Ohrfeige. Wenn jemand *um a Flåschn trazt,* dann bettelt er um eine Ohrfeige.
flauchn	stehlen
Fle, Flea	Flöhe
Fleantschn	großes Stück Fleisch oder Haut (meist im Zusammenhang mit einer Verletzung)
Flezbian	Kartoffel, Erdäpfel
Fliagn	Fliege(n). *Fliagnpraka* (Fliegenklatsche)
Flindalan	Staubteilchen; Konfetti
Flinsal(e)	kleiner Ohrstecker; Ohrschmuck, mit dem sich auch Männer schmücken
Floda	Wasserrad, Windrad, Kinderspielzeug
Fluaschådn	Flurschaden; uneheliches Kind
Foachn	Föhre
fopm	ärgern, täuschen. *Wülst mi fopm oda wås, du Tschriasche?* (Willst du mich zum Narren halten, du Idiot?)
fotograbüldln	fotografieren
Foz	Mund. *Wisch dein Foz åb, du Fakle.* (Wisch deinen Mund ab, du Ferkel.) Wenn jemand *an Foz ziagt*, dann macht er ein langes Gesicht. *Fozhobl* (Mundharmonika)
Fozn	Ohrfeige. Will man eine bestimmte Person *åbfozn*, dann möchte man sie ohrfeigen.

Fraggale	(Schnaps-)Gläschen mit einer bestimmten Form: unten bauchig, oben schmaler Hals
frale	freilich
Fraln, Frailn	Fräulein. *Frale Frailn is des a Fraggale.*
Fråz	schlimmes, ungezogenes Kind. *Wenn da Fråz nit båld a Rua gibt, kriag i de Fras.* (Wenn das ungezogene Kind nicht bald ruhig ist, bekomme ich einen Anfall.)
freagn	mit einer stumpfen Schere schneiden
fretn	mit wenig Geld auskommen müssen, sich abmühen
Frigga	deftige Speise aus Eiern, Speck, Käse und Schmalz
frozln	jemanden ärgern, hänseln, sekkieren. *Hea auf mi zan Frozln, wal sunst kentast amål gegn den Watschnbam lafn.* (Hör auf mich zu ärgern, denn sonst könnte es passieren, dass du ein paar Ohrfeigen bekommst.)
Fruajår	Frühjahr
Fruaschte	Frühstück; *fruaschtign* (frühstücken)
Fuada	Fuder, Fuhre (Heu, Holz). *Fuada fåsn* (Heuwagen beladen)
fuat	fort
fuatan	füttern. *Dege Funzn fuatat eine und nimmt niks zua!* (Diese eingebildete Kuh isst Unmengen und nimmt dabei nicht zu!)

fuchtig zornig, böse. *Då kån ma echt fuchtig wean.* (Da kann man wirklich zornig werden.)

Fuchtl unangenehme, unfreundliche Frau. *Håb i da schon dazölt, dås de Wabm vom Funknfetza a ziemliche Fuchtl is?* (Habe ich dir schon erzählt, dass die Frau vom Elektriker eine ziemlich unangenehme Person ist?)

fudln (planlos) herumhantieren und dabei nichts weiterbringen

fuksn nicht vorangehen, ärgern. *Des fukst heit wieda.* (Die Arbeit geht heute wieder nicht voran.)

Funknfetza Elektriker

Funzn unangenehme Frau. *A so a blede Funzn!* (So eine blöde, nervige Person!)

Fuzale kleines Stück

fuzln sehr klein schreiben. *I muas so fuzln, wal i ka Papia mehr håb.* (Ich muss so klein schreiben, weil ich kein Papier mehr habe.)

G

Wörter, die Sie unter G nicht finden, stehen sicher unter K

gach plötzlich, jäh; *gachamål* (manchmal)

Gachn Zorn. *A Gache* ist eine zornige, aufbrausende Frau. Wenn jemand *an Gachn kriagt*, wird er zornig.

gåfn gaffen, blöd schauen

gagst unerwartet, plötzlich; *gagstamål* (manchmal), *gagstamål wol, gagstamål nit* (manchmal schon, manchmal nicht)

gampan springen, sich heftig bewegen, hüpfen. *Ea gampat in da Nåcht so uma, dås i nit schlåfn kån.* (Er schlägt in der Nacht so um sich, dass ich nicht schlafen kann.)

Gantschn Hund (abwertend). *De Gantschn geht ma åba sowås aufm Zaga.* (Dieser blöde Hund geht mir sehr auf die Nerven.)

går ausgegangen, zu Ende. *Da Kas is går.* (Es gibt keinen Käse mehr.)

Gåra Mutterschaf

Gartl kleiner Garten. *I gartl gean.* (Ich arbeite gern im eigenen Garten.)

Gas Geiß, weibliche Ziege. *A Gasbua* ist ein

junger Ziegenhirte; *gashåltn* (Ziegen hüten) *Geasle* (kleine Ziege)

Gåta	Gatter, Zauntür (meist aus Holz). *A Gatale* ist eine kleine Zaun- oder Gartentüre.
Geaschtl	Geschwulst am Auge; Geld. *Reiß hea des Geaschtl.* (Gib das Geld her.)
Geaschtn	Gerste
Gebata	Dachfirstbereich (oberster Boden in der Scheune)
Gebeißach	Juckreiz
Gebischach	Gebüsch
gebrent	gebrannt; be-, gezahlt. *Gestan håb i gebrent wia a Luster.* (Gestern habe ich eine sehr hohe Rechnung begleichen müssen.)
gebrunan	gebrannt. *Håts gestan wo gebrunan?* (Hat es gestern irgendwo gebrannt?)
Gedachs	Gestrüpp, dichtes Unterholz
gedenkt	gedacht. *I håb ma niks dabei gedenkt.* (Ich habe mir nichts dabei gedacht.)
gegwent	gewöhnt. *I bin gegwent, dås i vagwent wea.* (Ich bin daran gewöhnt, dass ich verwöhnt werde.)
Geifn	Hund (abwertend). *So a blede Geifn.*
Geit	Geiz, Neid. *So a geitischa Teifl!* (So ein geiziger Mensch!)
gekåltn	behalten
gekeat	gekehrt; gehört (im Sinne von »besit-

zen«). *Håt dea Kittl dia gekeat?* (Hat das Kleid dir gehört?)

gekient	gekonnt (wird nur mehr selten verwendet)
Gepl	Fahrrad, altes Fahrzeug. *Wo håstn den schiachn Gepl her?* (Woher hast du dieses hässliche Fahrrad?)
Get(e)	Taufpate. *Gotl* (Taufpatin)
Getuawea(ch)	Getue. *Dei Getuaweach geht mi ån.* (Dein Getue geht mir auf die Nerven.)
gfalt	»gefehlt«, verkehrt, falsch. *Es wår gfalt, dås i da a Flåschn gebm håb.* (Es war nicht richtig, dass ich dir eine Ohrfeige gegeben habe.)
Gfick	große Menge (meist Ungeziefer); ungute, unerwünschte Leute. *Gfickat* (eine Schar von kleinen Tieren oder Kindern)
Gfrast	schlimme, boshafte Person. *Gfrasta* sind lästige, schlimme Kinder.
Gfråzach	eine Schar von lästigen Kindern
Gfret	Mühsal. *Des is a Gfret mit dia.*
Gfria	Frost
Gfris	Fratze, Gesicht. *Gfrisa schneidn* (Fratzen schneiden); *Gfrisle* (Kindergesicht)
gigazn	stottern, mühsam sprechen. *Dea gigazt wås zåm.* (Der stottert ganz schön.)
Gimpl	Gimpel; unangenehmer Mensch
Gitschn	Mädchen (wird vor allem in Oberkärnten verwendet)

glabm	glauben. *Glabm hast niks wisn und niks wisn hast dumm sein.* (Glauben heißt nichts wissen und nichts wissen heißt dumm sein.)
Glachta	Gelächter; *a Glachta und Gschra* (Spaß)
Glak	abgestandenes Getränk
Glanda	Geländer. *Pass auf, dås Glanda is no nit ångschraaaaaaaauft!* (Pass auf, das Geländer ist noch nicht festgeschraubt.)
glångan, glengan	(aus)reichen, genügen; nach etwas hinlangen, greifen, erreichen, hinkommen
glaum	nahe, eng, knapp. *Ea is z'glaum bam Feia gståndn.* (Er ist zu nahe am Feuer gestanden.)
glåzat	glatzköpfig. *Glåzntischla*: Friseur
glei	gleich, sofort
Glekle	Glöckchen
glianti(g)	glühend. Ea is *üba gliantige Kohln glofn.* (Er ist über glühende Kohlen gelaufen.)
Glojaweach	abfällige Bemerkung für Musik
Glotn	Haare
glozn	blöd schauen
Glubscha	Augen
Glundna Kas	Kochkäse (gehört zu jeder Brettljause)
gmiatli(ch)	gemütlich
Gmudlach	(schlampiges) Durcheinander, Vermischen (von Speisen)
Gnak	Genick

gnakst	sehr nahe, nächst
gnåpfazt	geschlafen, eingenickt. *Håst am Nåchmittåg a bisle gnåpfazt?* (Hast du am Nachmittag ein bisschen geschlafen?)
Gneat	Eile, Übermaß an unerledigten Dingen (mhd. *genoete:* eifrig, beflissen, Eile). *gneati, gneatig* (eilig)
Goda	Doppelkinn. *Godale* (kleines Doppelkinn; meist scherzhaft verwendet)
Gogalore	Brille, Augengläser. *Håst deine Gogalore schon wieda wo liegn låsn?* (Hast du deine Brille schon wieder verlegt?)
Goisara	große schwere (Berg)Schuhe
Goschn	Mund (derb); *a Goschnboksa* ist ein Schlag auf den Mund; *goschn* (angeben, vorlaut sein); *Goscha* (Aufschneider, Prahlhans); *goschat* (vorlaut)
Grafl	wertlose, unnötige Dinge, Gerümpel
grainan	weinen, raunzen, nörgeln
Graln	Perlen an einer Halskette
Grandlan	Hirschzähne, die als Trachtenschmuck verwendet werden
Grant	Zorn, Missmut, schlechte Laune; *grantig* (schlecht gelaunt sein, missmutig); *grantln* (schlecht aufgelegt sein)
Grantn	Preiselbeeren
Grantnzuba	schlecht gelaunte Person, missmutiger Mensch; wird auch *Grantscheabm* genannt

Grasach	(dürres) Reisig
Gratn	Gräte(n)
gratschgan	knirschen, knarren. *Hea auf mit de Zent zan Gratschgan.* (Hör auf mit den Zähnen zu knirschen.)
Graua	dürre, alte Kuh
graupat	kränklich, schlechter gesundheitlicher Zustand
Graus	Angst. *Des is a Graus.* (Das ist sehr schlimm.) *grausn* (Angst haben, sich ängstigen)
grawalat	gräulich (wenn am Morgen die Sonne aufgeht)
grean, grian	grün; unreif; ungeselcht (Wurst und Fleisch)
greasa	größer
grias (enk) Got	Grüß (euch) Gott
Gris	Andrang, große Nachfrage (nach Menschen oder Sachen). *Is a Gris uman guatn Henig vom Opa.* (Die Nachfrage nach dem guten Honig vom Opa ist groß.)
Grischp(ind)ale	sehr dünner, zarter Mensch. *Iss gscheid, du Grischpindale.* (Iss ordentlich, du bist ohnehin zu dünn.)
Groamat	zweite Grasmahd im Jahr
groas, gros	groß; *groaskopfat* (reich, wohlhabend, überheblich)

Grudalan	viele kleine Locken. *Ma, håt des Diandle schene Grudalan!*
Gschamstara	Geliebter, Freund
Gschea	Schererei, Problem. *Mit dem Teigas håst nua dei Geschea!*
Gschia	Geschirr. *A Gschiahangale* ist ein Geschirrtuch.
Gschiste-Gschaste	unnötige Wichtigtuerei
Gschlåda, Gschlådrach	übel schmeckendes, meist warmes Getränk, dünner Kaffee
gschlofn	gekrochen, geschlüpft
Gschmåchn	Geschmack
gschnaprig	vorlaut, frech, schnippisch. *So a gschnaprigs Luada.* (So ein vorlautes Luder.)
Gschnaudlach	auf dem Teller übrig gelassenes Essen
gschnibm	geschneit. *Heia håts schon gschnibm.* (Heuer hat es schon geschneit.)
gschnuapa	sauber, reizend, fein, nett (meist in Zusammenhang mit einer weiblichen Person verwendet)
Gschra	Geschrei, Gelächter, Spaß haben. *Is ima a rechts Gschra, wenn de Schumigin dabei is.* (Es ist immer sehr lustig, wenn die Frau Schummi mit von der Partie ist.)
Gschråp	Kind (wird eher selten verwendet); *Gschråpm* oder auch *Gschråpach* sind Kinder

Gschwafl-wea(ch)	törichtes Gerede
gschwoln	geschwollen; angeberisch
Gspeibach	Erbrochenes; *gspibm* (erbrochen; siehe *ausschau(g)n*)
Gspületl	minderwertiges Spielzeug
Gstaudach	Gebüsch
Gstöl	Gestell; Durcheinander, Chaos. *Nå du håst a Gstöl beinånda!* (Na, du bist aber unordentlich!) *Des is a Gstöl!* (Es ist umständlich, schwierig.)
Guge	Kuckuck
Gulta	grobe Steppdecke, dicke Überdecke
Gupf	rundliche Erhebung; *gupfat* (übervoll, mit einem Gupf versehen, aufgetürmt)
Guschga	Schlange; stures Kind
Gwånd	Kleidung
Gwiags	Unordnung, vertrackte Situation, Schwierigkeiten

Ha? Wie bitte?

Håba Hafer. *Håbagas* (»Habergeiß«, Sagengestalt)

haban essen. *Weama wås haban?* (Werden wir etwas essen?)

Habl Griff. *Håst bei meim Hefalan den Habl åbgrisn?* (Hast bu bei meiner Tasse den Griff abgebrochen?)

Hadn Buchweizen. *Hadnsterz* (eine spezielle Speise aus Buchweizenmehl)

haglig heikel. *Sei nit so haglig, du Pintsch.* (Sei nicht so heikel, du kleiner Wurm.)

Haifle Häufchen. *Haifn* (Haufen); *haifln* (»häufeln«, die Erde um Pflanzen aufhäufen, erhöhen)

haifte ausreichend, genug. *Hea jetzt auf, håst eh haifte gnua geputzt.* (Hör jetzt auf, du hast schon genug geputzt.)

haitawån manchmal. *Haitawån denk i ån eich zwa.* (Manchmal denke ich an euch beide.)

hal »heil«, eisig, glatt (mhd. *hael(e):* glatt,

schlüpfrig). *Is wol ziemlich hal duat åbe.* (Es ist ziemlich eisig dort hinunter.)

hålbat halb; dumm. *Hålbe* (halber Liter eines Getränkes; meist Bier); *Hålbschaid* (Hälfte); *hålbntal* (zur Hälfte)

håldan, hüldan hallen

haln heilen. *De Zeit halt åle Wundn.* (Die Zeit heilt alle Wunden.)

ham nach Hause, heim; *ham aln* (nach Hause eilen); *Hamatle* (Heimat); *hambringan* (nach Hause bringen); *hamgaign* (jemanden nachdrücklich nachhause schicken.)

hamli(ch) heimlich

hamstrafn jemanden nach Hause fahren. *Geh Håne, straf mi gschwind ham.* (Hannes, fahr mich bitte nach Hause.)

Hantsch Handschuhe

hapan fehlen

harba stark gesalzen, herb. *De Supm is gscheit harba.* (Die Suppe ist ordentlich gesalzen.)

Harpfm Bett. *Jetzan hau i mi in de Harpfm.* (Jetzt lege ich mich ins Bett.)

Hatscha lange Strecke, die man zu Fuß bewältigt; *hatschn* (gehen, hinken, schleppend gehen)

heanan weinen. *Hea auf zan Heanan, du Plearengge.* (Hör auf zu weinen, du Heulsuse.)

Heanda	Hühner
Heigaign	große, schlanke Frau. *Håst de Heigaign duat gsegn?* (Hast du diese große schlanke Frau dort gesehen?)
Heschazer	Seufzer; *heschazn* (seufzen)
Heschgale	(gebratene) Schweinshaxe
Hetschipetsch	Hagebutte, Früchte der Heckenrose
Hiabast	Herbst
Hiabig	Herberge, Nachtlager; *hiabign* (übernachten, einwintern)
hiat	hart
Hiefl	Holzgestell zum Grastrocknen. *Hiefla* (senkrechte Heustange zum Grastrocknen)
Higl	Hügel; *Higale* (kleiner Hügel)
Himba	Himbeere. *Gestan håt de Mutti an Himbaschnagge getrunkn und dån håma a feste Hez mit iha ghåbt.* (Gestern hat meine Mutter Himbeerschnaps getrunken und anschließend haben wir mit ihr sehr viel Spaß gehabt.)
himlazn	wetterleuchten
hin(ig)	kaputt; *hinwean* (kaputt werden, zugrunde gehen)
Hind	Hunde; *Hindle* (Hündchen)
hinta	zurück; *hintahaun* (zurückschlagen); *hintakeman* (zurückkommen); *hintakriagn* (zurückbekommen)

hisch	ziemlich. *Dås is hisch vül.* (Das ist ziemlich viel.)
Histl	altes, unbrauchbares, hässliches Pferd
Hoblschatn	Hobelspäne
Hogga	Haufen
Hol(d)a	Holunder. *Hol(d)abeasåft* (Holunderbeersaft); *Hol(d)ablia* (Holunderblüten); *Hol(d)astaudn* (Holunderstrauch)
Holzlegn	Holzstapel. *A Holztristn* ist ebenfalls eine *Holzlegn.*
Huabm	Hube (kleine Zusatzlandwirtschaft, meist in einem höher gelegenen Gebiet)
huachn	hören, lauschen
huastn	husten. Wer *jemåndn wås huastat*, der macht dem, der Mist gebaut hat, eindeutig seinen Standpunkt klar.
hudln	zu schnell und schlampig arbeiten. *Hudlerei* (Eile; schnelles, schlampiges Arbeiten)
Hukerei	langes Sitzenbleiben; *hukn* (hocken); *hukn bleibm* (lange sitzen bleiben bzw. in der Schule eine Klasse wiederholen)
Huscha	Dachschaden. *Dea håt an gscheidn Huscha.* (Er hat einen ordentlichen Dachschaden.)
hutschn	schaukeln, hutschen. *Hutschn* (Schaukel)

I/J

I	Ich. *I a.* (Ich auch.) *I brich nieda auf da Grådn.* (Ich kann vor lauter Lachen nicht mehr.)
Iaga	Ärger; *iagan* (ärgern)
Iagsn	Achselhöhle
Ialach	Gebüsch, (Erlen-)Dickicht
Iate	Dienstag
ibahaps	ungefähr; überstürzt eine Entscheidung treffen oder durchführen; (in manchen Gegenden auch:) überhaupt. *Då gibs ibahaps niks zan Schaun!* (Da gibt es nichts zu sehen.)
Ibalafa	(kurzzeitiger) Strichregen
ibalegn	überlegen, nachdenken
ibanachtig	übernächtig, müde sein
iban Stingl gehen	sterben
ibaraisn	etwas verstehen, begreifen. *An schnöln Ibaraisa håbm* bedeutet, dass man etwas schnell begreift.
ibaranånda	übereinander

ibawolgn	umdrehen, wenden
ibaziagn	überziehen; sich umziehen
imaramål	manchmal, ab und zu

Jaga	Jäger; *jagan* (jägern)
Jammara	ein oft jammernder Mensch. *Jammarei* (ständiges Jammern)
Janga	Jacke, Rock
Jarling	einjähriges Tier
Jåtach	Unkraut
Jauk	Föhn, Wind (gailtalerisch)
Jaukale	Injektion. *Kriagst a Jaukale, dån gehts da glei besa!* (Du bekommst eine Injektion, dann geht es dir gleich besser.)
Jausn	Jause, Zwischenmahlzeit, Brotzeit; *jausnan* (eine *Jausn* essen)
jezan	jetzt
Jokl	Kurzform von Jakob. *Jokale* (Koseform von Jakob)
Jopm	Jacke

Wörter, die Sie unter K nicht finden, stehen sicher unter G

ka kein, keine

Kåchl Nachttopf; dummer, schwerfälliger Mensch

Kålbm junges, weibliches Rind. Wenn *a Kålbm kålbt* oder *kölbat*, dann bringt sie *a klans Kaible* zur Welt. Wenn allerdings ein Hund *kålbt*, dann bellt er.

kåltn behalten. *Den schiachn Kåchl kånst kåltn.* (Diesen hässlichen Nachttopf kannst du behalten.)

kamot, komot bequem. *A kamota Zegga* ist ein gutmütiger Mensch.

Kampl Kamm. *A fescha Kampl* ist ein gut aussehender, tüchtiger Mann.

kampln (das Haar) kämmen. *Kampl di endlich, schaugst jå aus wia a Wetaheks.* (Kämm dich so schnell wie möglich, denn deine Frisur lässt dich unmöglich aussehen.)

Kåndl Kanne. Eine kleine Kanne ist *a Kandale.*

Karntn Kärnten

Kärntna Hochzeit schon fast ein alter Kärntner Brauch: Hochzeit mit (hoch)schwangerer Braut im weißen Brautkleid

Kasla	ungewaschene, schlecht riechende Füße
Kasnudln	Kärntner Nudelgericht (Nudelteigtaschen mit Fülle aus Topfen, Kartoffeln und *Keferfil*). *De Kasnudl von da Mutti sein am bestn.*
Kåspl	Speisereste, die gesammelt und an die Schweine verfüttert werden. *Kåsplkibl* (Kübel, in dem die Speisereste gesammelt werden)
Kasreinggalan	Topfenlaibchen, Laibchen, die hauptsächlich mit Quark gemacht werden
kå(b)t	gehabt. *Håst ka Kåpm kåt?* (Hast du keine Mütze gehabt?)
Kauze	Kaugummi. *Reiß an Kauze hea, Ålta!* (Wärst du so nett und würdest mir einen Kaugummi geben?)
Kean	Kern; Kienspan; *keanig* (kernig; harzig)
Keandl	Körner. *Keandlfresa* sind Vegetarier.
Keaschbam	Kirschbaum. *Keaschn* (Kirschen)
Keferfil	Kerbel
Keifm	bellender Hund (im negativen Sinn); unangenehme, zänkische Frau; *keifm* (bellen; lautstark schimpfen)
Kepfla	Kopfsprung
kepln	streiten
kiefln	a(b)nagen; sich den Kopf über etwas zerbrechen
Kindagspül	etwas, das sehr leicht zu machen ist

Kipfale	Kipferl, Hörnchen; einfältige Person (liebevoll verwendet). *Kim her du Kipfale*! (Komm her, du kleines Dummchen!)
Kirbis, Kirbas	Kürbis
Kirchtåg	Kirchtag; auch: *Kirchte, Kirchti* oder *Kirchtig*
Kittl	Rock, Kleid. *A Kittlschiazn* ist eine Schürze, um schöne Kleidung zu schonen. Mit *Kittlvolk* sind die Frauen gemeint.
Klachl	grober Riegel beim Gatter oder Holztor; schwerfälliger, ungehobelter Mensch
klan	klein; *klanweis* (langsam, kleinweise)
Klåpan	Hände (abwertend)
Klauba	Hände; *klaubm* (pflücken, sammeln)
klepan	klappern. *A Klepakistn* ist ein altes, klapperndes Fahrzeug.
Klesch-	ziemlich, stark; *kleschkålt* (sehr kalt)
Klesch	Schläge, Prügel. *Klesch kriagn* (Prügel bekommen). *A Klescha* kann ein Knall bzw. lautes Geräusch sein, aber auch ein ungeschliffener, ungehobelter Mensch oder große Schuhe; *kleschn* (schlagen, zuschlagen)
kle(a)zln	zupfen
Kle(a)zn, Kloazn	Kletzen, gedörrte Birnen. *Kleznnudl* sind Nudelteigtaschen mit Kletzenfülle.
kliabm	(Holz) hacken, spalten. *Schneid ma de Fichtn um, spaz ma se aus und kliab ma*

se a glei. (Fällen wir die Fichte, entfernen die Äste und spalten wir sie auch gleich.)

kluag klug; sparsam, geizig

Klunze Jammerer; *klunzn* (sich beklagen, jammern)

Klupm Wäscheklammer

Klutsch Schlüssel

knafln knöpfeln. Oder auch: *knepfln. A Knepfle* ist entweder ein kleiner Knopf oder aber auch ein kleines Kind (liebevoll gemeint).

kniawach knieweich; nett (nur bei Bitten verwendet) *Ma, sei so kniawach und leih ma dei Reibm.* (Sei so nett und leih mir dein Moped.)

Kölpa Hundehalsband. *Wås håstn då fia an Kölpa um?* (Deine Halskette ist extrem hässlich.)

Komet Kummet (gepolsterter Bügel um den Hals von Zugtieren); auch: *Komat* oder *Kumet*

Kopa Dill

Kosta Kostprobe. *Gib ma bittschen an Kosta.* (Lass mich bitte kosten.)

Kota Gefängnis; Hundehütte; hässliches Fahrzeug

Kotzn dicke, grobe Decke, die ursprünglich für Pferde verwendet wurde

Kråchane	Lederhose
kråd	gerade. *Steh kråd, bist jå ka U-hakale.* (Steh gerade, du bist ja kein U-Haken.)
Kraggl	unregelmäßig gewachsener Baum
Kraitlach	Kräuter
Kraksn	Korb, der auf den Rücken getragen wird; altes Fahrzeug
Kralle	Wut, Zorn, schlechte Laune. *Dea håt heit an Kralle.* (Der hat heute schlechte Laune.)
Kramasure, -i	Sammlung von unnötigen Dingen
Krampale	kleiner Krampus; kleines Gartengerät; *krampln* (mit einem *Krampalan* das Erdreich auflockern und das Unkraut beseitigen)
Kråmpm	Pickel, Spitzhacke; blödes Vieh. *Da Kråmpm, da zniachte.* (Ein wertloses Stück Vieh.)
Kranawet(a)	Wacholder
krandln, krendln	besondere Technik, die Nudelteigtaschen zu verschließen
Krawaljåkl	Lärm verursachender Mensch
Krawatl	Gurgel. *Noch an Mugs und i håb di bam Krawatl.* (Noch einen Ton und ich geh dir an die Gurgel.)
krawutisch	wütend, böse
Krazl	Gerät mit rauer, borstiger Oberfläche zur Geschirrreinigung

kredenzen	aufwarten, anbieten
Krempl	unnützes, wertloses Zeug, Gerümpel. *So a vafluachta Krempl*!
Krezn	Krätze; Verkrustung einer Wunde; unsympathischer Mensch. *Des is a lästige Krezn.* (Das ist eine lästige Person.)
Kriachale	wilde Zwetschke
Krikale	kleines Geweih; weinerliches Kindergesicht
kripfm	husten. *De kripft wås zåm.* (Sie hustet sehr oft.)
Krot	Kröte. Eine kleine Kröte ist a *Kretle*, ein kleiner Teich *a Krotnlåkn* und *a Krotnwiaga* (»Krotenwürger«) ist ein stumpfes Messer.
Krukn	Krücke; Kraftfahrzeug mit wenig PS; hässliche Frau; langsamer Computer
krump	krumm, ein schmerzendes Bein haben
kutan	kichern, lachen

L

Lab
: Laib; Laub. *Wennst dås Lab zåmgekiat håst, lafst an Lab Brot kafn.* (Wenn du das Laub zusammengekehrt hast, dann hole einen Laib Brot.)

Labale
: Laibchen. Wenn deutsche Touristen Buletten essen wollen, dann bestellen sie am besten *faschiate Labalan.*

Labm
: Vorhaus, Laube

Låd
: Lade. *Ladle* (kleine Lade). Wenn jemandem *dås Ladle åbefålt*, dann ist er sprachlos.

lafm
: laufen; *lei lafm låsn* (die Dinge ihren Lauf gehen lassen, sich nicht einmischen)

Lak(a)le
: kleine Pfütze. *Låkn* (Lacke, Pfütze)

Lamoschä
: Lavanttaler Mostschädel. *Ülse, wån weast denn zu deine Vawåndtn, den Lamoschä, fårn?* (Ilse, wann wirst du deine Lavanttaler Verwandten besuchen?)

Lamp(a)le
: Lämmchen. *Låm* (Lamm)

Låp
: einfältiger Mensch. *A guata Låp* ist ein einfältiger, aber gutmütiger Mensch.

låpalat	lauwarm
Lårvm	Larve; Maske. Mit dem Satz: *Wån weast denn dei Lårvm åbatuan* will man jemanden beleidigen und ausdrücken, dass man ihn sehr hässlich findet.
Låtsch	gutmütiger Mensch
Latschn	Krummholzkiefer, Legföhre
Leachn	Lärche
leapln	(aus einer Schüssel) trinken. *Ma schau liab, wia de klan Kazlan de Mülch ausm Schisalan leapln.* (Schau, wie süß das ist, wenn die kleinen Kätzchen Milch aus dem Schüsselchen trinken.)
Lebalan	in Schweinenetz eingeschlagene Fleisch-Rollgerste-Fülle
Lefl	Löffel; Hasenohren. Wenn jemand *den Lefl åbgibt*, dann stirbt er.
legln	stapeln. Wenn jemand *Holz leglt*, dann entsteht *a Legn*, also ein Holzstapel.
lei	nur. Wird von den Kärntnerinnen und Kärntnern sehr oft verwendet.
Leich	Leiche; Begräbnis. *Des is a scheane Leich gwesn.* (Das war ein schönes Begräbnis.)
lei-lei	Dieser Ausruf ist untrennbar mit dem Villacher Fasching verbunden.
lei(be)wol	freilich. *Is jå leibewol niks neigs.* (Das ist freilich nichts Neues.)

lek Bukl	Variante des Götzzitates. Andere Varianten: *Lek fetn!* oder *Lek frack!*
Letn	Schlamm, Morast
lez	schlecht (Gesundheit betreffend). *Er is lez beinånd*. (Ihm geht es schlecht.)
Liacht	Licht. *liacht* (hell)
liagn	lügen. Wenn jemand *wia gedrukt liagt*, dann sollte man ihm nichts glauben.
lind	nicht oder zu wenig gesalzen
lindn	Mehl oder Grieß anschwitzen (heiß werden lassen)
lisnan	zuhören
Loaga	ein (zu) groß gewachsenes Mädchen
lokn	ein Kleinkind in den Armen halten, es beruhigen, es »locken«
Lota	Mann. *Da Lota, da ålte*. (Der alte Mann.) *A Lotabet* ist eine breite, bequeme Couch.
Lug	Lüge; *Lugntschipl* (Lügner)
Lustok	Liebstöckl

ma mir: *Gib ma a Stickle Brot.* (Gib mir ein Stück Brot); wir: *Gehma umatum.* (Gehen wir herum.); man: *Und dån geht ma åbe.* (Und dann geht man hinunter); Ausruf der Verwunderung: *Ma, is des schean!* (Ist das schön!); Ausruf des Bedauerns: *Ma, bist du årm*! (Bist du bemitleidenswert!); Ausruf des Unwillens: *Ma, jetzt kumt dea schiache Hund schon wieda.* (Muss das sein, jetzt kommt der unwillkommene Verehrer schon wieder.)

ma bittschen ha genervter Ausruf über die Dummheit eines Gesprächpartners

machln als Heimwerker/-in tätig sein, kleine Dinge erledigen, einem (unangemeldeten) Nebenerwerb nachgehen, etwas basteln

Maipfeifale mit dem *Feidl* (Klappmesser mit Holzgriff) gemachtes Pfeiferl aus den ersten saftigen Weidenzweigen

Maischale aus dem Kopffleisch gemachte Laibchen im Schweinsnetz

Maitschgalan Stachelbeeren; auch: *Mauchalan*

malefiz nochamål	Fluch (bedeutet so viel wie: verdammte Scheiße)
Malte	Mörtel
Mame	Mutter. *Mamebua* (Muttersöhnchen)
Mandle	zierlicher Mann, schwacher alter Mann, unscheinbarer Mann; *mei Mandle* (liebevoll für: mein Ehemann); *Mandlkalenda* (eine Art Bauernkalender)
Manestra	gehaltvolle Suppe (oft aus Speiseresten), Minestrone
Många	(unheimlicher) Mann
Mangale	(kleiner, alter, schwacher) Mann; aber auch: *Des is mei Mangale.* (Das ist mein Ehemann.)
Maria na!	Ausruf des Erstaunens: Du meine Güte!
marod	kränklich, krank, schlecht drauf sein
martan	quälen. *Hea auf mi zan Martan, i måg nit zan Martalan gehn.* (Hör auf mich zu quälen, ich mag nicht zum Gedenkkreuz gehen.)
Masch	Futter für das Vieh (Kleiber, Abfall beim Mehlmahlen, wird zur Tierfütterung verwendet); vergorene Früchte, aus denen man Schnaps brennt
Masl	Glück. *Då håst åba a Masl ghåbt.* (Da hast du aber Glück gehabt.)
Matn	lange Haare
måtschgan	nörgeln, meckern, sich abfällig äußern
Maugale	kleines, liebes Wesen

Maukn	Ziehharmonika
maulfaul	zu faul zum Reden, still, schweigsam
meagln	an etwas – meist mit großer Anstrengung – hantieren, ohne besondere Erfolge zu erzielen. *Hear auf zan Umameagln.* (Hör auf herumzuhantieren. Deine Bemühungen haben keinen Erfolg.)
Meagn	Delle, Beschädigung (beim Auto)
Meale	Karotte. *Muast fest Mealan esn, wennst schlecht sigst, oda håst schon amål an Hås mit Brülln gsegn?* (Wenn du schlecht siehst, musst du viele Karotten essen, oder hast du schon einmal einen Hasen mit Brille gesehen?)
Meggale	junge Ziege
meggazn	meckern, nörgeln
mei	mein: *Des is mei Biable!* (Das ist mein Sohn!); Ausruf der Verwunderung: *Mei, is de scheane Ketn fia mi?* (Ist diese schöne Kette für mich bestimmt?); Ausruf der Enttäuschung: *Mei, bist du schiach zu mia!* (Bist du gemein zu mir!)
Metn	Gaudi, Riesenspaß; Lärm, Geschrei, Streiterei. *Mia håbm so a Metn kåt!* (Wir haben einen solchen Riesenspaß gehabt.)
mia	wir, mir. *De Modl keat mia.* (Die Butterform gehört mir.)
miasn	müssen
minda	weniger; *nit minda* (nicht weniger)

Mistale	schlimmes Kind (liebevoll). *Des Mistale miakt sich åls!* (Das kleine Mistvieh merkt sich alles!)
mistradln	Mist aus dem Stall befördern
mitn	mitten. *Mitn in da Fratn Grantn brokn.* (Mitten in der Waldlichtung Preiselbeeren pflücken.)
Mohnzuz	ein mit Mohn gefülltes Tüchlein, das früher als Art Schnuller verwendet wurde, um Kinder ruhig zu stellen
Moltale	Holzgefäß zum Abrühren und Kneten des Teiges
Monatlan	Gänseblümchen (Mehrzahl)
Mopadsle	Moped
Mostbian	»Mostbirne«, spezielle Birnensorte, die vorwiegend zur Mostbereitung verwendet wird
muads-	Vorsilbe zur Vergrößerung (»Mords-«); *muadsmäßig bled* (außergewöhnlich blöd); *muadsdrum* (groß, riesig)
Muagale	verknittertes Baby, Kind
Muagn	Gurke (slow. *murka*: Gurke)
Muamale	Murmeltier
Muan	Brombeeren (lat. *morum*: Brom-, Maulbeere)
mufln	stinken
mugazn	aufbegehren, sich wehren

Mugl, Mugale	kleiner Hügel, Anhöhe; *muglat* (hügelig)
mugsn	mucksen, sich bewegen, sich rühren
Mule	Maultier; unfreundlicher, störrischer Mensch
Mülch	Milch; auch: *Milach* oder *Mile*. *A Mülchkån* ist eine Milchkanne, *a Mülchsechta* ein Milchsieb.
Munale	verhärteter Nasenschleim, meist durch Bearbeitung in kugelige Form gebracht und von manchen Menschen mit Wonne verspeist. Mehrzahl: *Munalan*
Mungale	kleines Stück, Rest. *A Mungl* hingegen ist ein großes, unförmiges Stück.
Muzale	Katze. *Muzi* (Kosename für eine Katze)

Na	nein; (wenn es lang ausgesprochen wird:) nie im Leben
nåcha(n)	nachher, später, dann
Nagalan	Nelken. *De zotatn Nagalan* (Die welken Nelken – ein bekanntes Kärntner Damenterzett)
nå havedere!	na Mahlzeit! Oje! O Gott!
Nåkabazl	nacktes Kind; *nåkat*, *nåkig* (nackt)
namla	sehr; *namla wol* (in der Tat, wirklich, aber sicherlich)
Nane	Nase. *Mia beißt mei Nane.* (Meine Nase juckt.)
nåpfazn	ein Nickerchen halten, einnicken, kurz schlafen, leichter Mittagsschlaf. *Jessas, jezan bin i glåt eingnåpfazt!* (Ach du meine Güte, jetzt bin ich wirklich eingenickt.)
Nåtm	Atem
neama	nicht mehr. *I wea neama so gemein zu dia sein.*
neamd, neamp	niemand. *Då is neamd.* (Da ist nie-

mand.) Auch oft verwendet: *Då is neamd nit.* (Da ist niemand nicht.)

neatn	aufdrängen
Neklan	Nockerln; *Nekle (*Nockerl)
Netsch	Geld. *Håst kane Netsch mea?* (Hast du kein Geld mehr?)
niedalegn	sich oder ein Kind schlafen legen. *I leg den Gschråp schnöl nieda.* (Ich bringe das Kind schnell ins Bett.)
niedaschmusn	abküssen. *Wennst nit brav bist, schmust di di Tante Hanneluare nieda.*
niglnåglnei	(funkelnagel)neu
niks	nichts, nicht. *Niksnuz* (arbeitsunwilliger Mensch); *niksnuzat, niksnuzig* (arbeitsscheu, träge, faul, unbrauchbar)
nischgln	naschen, lutschen, langsam kauen. *Tua nit so nischgln.* (Iss ordentlich.)
nit	nicht; *nit gåraso (*nicht allzu sehr)
Noggl	großes Stück. Wenn jemand *an Noggl Speck vadrukt*, dann isst er ein großes Stück Speck.
Nokale	kleines Nockerl, kleiner Knödel; kleiner, dicker Mensch; eingebildeter Mensch; *Nokn* (größeres Nockerl; dumme Frau)
notig	neidig. *Sei nit so notig und gib ma a wås von de Nudalan.* (Sei nicht so neidig und gib mir auch ein paar kleine Nudeln.)
Nusn(an)	Nüsse
Nutsch	Schwein; *Nutschale (*kleines Schwein)

O

Oastan	Ostern
Oawaschl	Ohr(muschel). *Heast schlecht? Muast deine Oawaschl wåschn.* (Wenn du schlecht hörst, musst du dir deine Ohren waschen.)
oba	ober, über. *Oba dein Bluza hängt a Spin.* (Über deinem Kopf hängt eine Spinne.)
obafaul	etwas ist sehr verdächtig
Obagaude	Spaß, sehr lustiges Ereignis
Obatogga	sehr dummer Mann
obm	oben. *Da Pezl sitzt gånz obm am Bam und kimt neama åba.* (Der Kater sitzt in der Baumkrone und traut sich nicht mehr herunter.)
ofn	offen. *Dås Ofntiale wår ofn.* (Die kleine Ofentür war offen.)
Ofn	Ofen; Joint; Motorrad. *Ofnkruckl* (Ofenbesteck zum Entfernen der Brandreste)
Oniwus	Autobus, Omnibus

P

abcdefghijklmno**p**qrstuvwxyz

Wörter, die Sie unter P nicht finden, stehen sicher unter B

Pånzga	große Bohnenart, Käferbohnen
Papale	Brei (ital. *pappa*: Brei)
Papm	Mund. Wenn jemand aus *da Papm stinkt*, dann leidet er unter Mundgeruch. *A Papmschlosa* ist ein Zahnarzt.
Påtschlumpe	ungeschickter Mensch. *Aleks, keat dea Påtschlumpe za dia?* (Alex, bist du mit diesem Tollpatsch hier?)
Pezl	Kater; kleiner Junge
Pfågga	dicker Breiklumpen, Mischmasch. *Dea Pfågga soll mei Esn sein?* (Dieser unappetitliche Haufen soll mein Mittagessen sein?)
pfleastan	faul herumliegen, faulenzen
pfoa	Ausdruck der Bewunderung. *Pfoa Margitle, bist du heit åba fesch!* (Wau Margit, du bist heute aber schön gekleidet!)
Pipale	Kücken; kleines unscheinbares Mädchen
Pipm	Wasserhahn. *A freche Pipm* ist ein freches Kind.
Platschean	Bluterguss, blauer Fleck. *Wo håstn de Platschean her?* (Wie ist es zu diesem Bluterguss gekommen?)

plean plärren, verzweifelt weinen. *A Pleareng-ge* ist eine weinerliche Person.

Pleapm Mund. *Hålt de Pleapm.* (Halt den Mund.)

pleaschgn kauen. *Dea Pliaz pleaschgat wia a Kua.* (Dieser Dummkopf kaut wie eine Kuh.)

Poppale Puppe, Püppchen, Säugling, Kleinkind

potschasne langsam (slow. *počasen*: langsam)

Prantsch Gruppe Jugendlicher. *Gestan is de gånze Prantsch zu uns keman.*

prentln fensterln, dem Mädchen seines Herzens einen nächtlichen Liebesbesuch abstatten

Prigl Prügel, dünner Ast. Wenn man *Prigl kriagt,* dann bekommt man eine Tracht Prügel.

Pritschn Liege, Bett. *A wårme Pritschn* ist ein warmes Getränk.

Pumpazane Kürbis, ausgehöhlt und furchteinflößend durch die eingeschnitzten Zähne

pungat dick, mollig, schwanger

Putschgn Kerngehäuse des Kernobstes, das beim Essen übrig gelassen wird

puz liacht ach, was soll's. *A, puz liacht, i kaf ma den Kittl a no.* (Ach, was soll's, ich kaufe mir dieses Kleid auch noch.)

Q

Quadratlatschn	große unförmige Füße oder Schuhe
Quake	Frosch, Unke
Quargl	Käsesorte; Unsinn, Stumpfsinn. *Da Hund redt an Quargl zåm.* (Der Idiot redet Blödsinn.)
Quetschn	Ziehharmonika. *Quöl mi neama und schmeis de Quetsch weg.* (Quäle mich nicht mehr und wirf die Ziehharmonika weg.)
Quöln	Quelle
quöln	quälen, »tratzn«

Råbasle	aufgewecktes Kind, das viel Unsinn im Kopf hat
Råbmbratl(e)	besonders schlimmes Kind. *Des Råbmbratl håtn Opa schon wieda de Zent vasteckt.* (Dieses boshafte Kind hat schon wieder Opas Gebiss versteckt.)
Radlbok, Radltrugn	Schubkarren, Scheibtruhe. Wurde früher von den Ehefrauen benötigt, um ihre betrunkenen Männern vom Gasthaus nach Hause zu befördern.
Råfl	Gemüsehobel; ungehobelter Mann; hässliche Frau
Rahm-schissalan	Büstenhalter
Raibn	Mofa, Moped
Raidn	Kurve, Straßenbiegung
raiksnan	springen, herumturnen. Sehr gerne *raiksnan* Kinder auf Erwachsenen herum.
Rais	Angst. *Då is ma da Rais gång*. (Da habe ich Angst gehabt.)
Rantl	lange, dünne Holzstange, Bohnenstange

Rapl	Zorn, Wut; *rapln* (zornig, schlecht aufgelegt sein)
Ratschkatl	sehr gesprächige Frau, die nichts für sich behalten kann. *A Ratschn* ist ebenfalls eine schwatzhafte, klatschsüchtige Person.
raunga(z)n	quietschen, raunzen. *Des Bet håt so graungazt, dås ma nit håbm schlåfn kenan.* (Das Bett hat so gequietscht, dass wir nicht schlafen konnten.)
Raunza	wehleidiger, jammernder, nörgelnder Mensch
Råz	Ratte. *Radier åb mit dem hinign Råz, bevua i a Heazkaspale kriag.* (Verschwind mit der toten Ratte, bevor ich einen Herzinfarkt bekomme.)
Reale	Strohhalm. *Hea auf zan Rean, kriagst eh dei Reale.* (Hör auf zu weinen, du bekommst doch deinen Strohhalm.)
Reangn	dickes Stück. *Wås? So a Reangn Brot weast zan Realsalåt dazua esn?* (Ein solch dickes Stück Brot wirst du zum Löwenzahnblättersalat essen?)
reazn	zündeln
Rein	niedrige, runde Schüssel. *Reindle* (kleine Schüssel zum Kochen und Backen)
Reindling	Eine Kärntner Spezialität: Germteiggugelhupf mit Rosinen. Wird auch zum Osterschinken gegessen.
Reingale	traditionelle Speisenbezeichnung, z. B.

Zuckareingale (mit Zucker überzogene Germteigspeise), *Topfmreingalan* (pikante Quarkleibchen)

Reisalan — Zündhölzer

Reitale — Spielzeugsieb für Kinder im Sandkasten

Rekle — Jacke, Strickjacke; kurzer Rock

rekn — würgen, Brechreiz verspüren. *Reiß åb mit dem Reparaturseidl oda mi rekts.* (Geh weg mit dem Bier oder mir wird übel.)

Reparaturseidl — das erste Bier am Tag nach einem Vollrausch

retourjausnen — sich übergeben

Riamülch — Buttermilch. *Wenn de Christl Buta måcht, dån kriag ma ima de beste Riamülch.*

Ribisl — Ribisel, Johannisbeere. *Ribislstaudn* (Johannisbeerstrauch); *Ribisltarzan* (kleine, schwache, schmächtige Person ohne Muskeln)

Riegl — kleiner Berg, Hügel; kräftig gebauter Mensch. *Pah, is aus dem Bua a Riegl woan*! (Dieser Bub hat sich zu einem kräftig gebauten Mann entwickelt.)

Rifl — Gerät zum Beerenpflücken

rink — leicht

Ritschat — Eintopf aus Rollgerste, Bohnen und Geselchtem

Roaba — Erdbeeren. *Roabalan* (Walderdbeeren);

Roabarazlan (Kleinkinder »Erdbeerratten)

roate Ronan rote Rüben, rote Bete

roglat wackelig, locker, beweglich. *Mei Zånt is roglat.* (Mein Zahn ist locker.)

Roml schmutziges Kind, Schmutzfink. *romlat* (schmutzig, fleckig; vor allem im Gesicht)

Roz Nasenschleim. *Rozbremsn* (Schnurrbart); *Rozlefl* (frecher, junger Mensch); *Rozpippn* (schlimmes Kind)

Rumpla lautes Geräusch, Gepolter; *rumpln* (poltern)

Runkl Futterrübe; Fußball; Kopf. *Ma mei Runkl tuat heit weh.* (Ich habe heute ziemliche Kopfschmerzen.)

rupfat rau, aus grobem Leinen. *A rupfats Leintuach* ist ein grobes, pieksendes Leintuch.

rusln rutschen, gleiten, schlittern, mit den Schuhen über das Eis rutschen

Saia	Molkenessig; schlechte Laune. *Dea håt heit åba an Saia!* (Der ist aber heute übel gelaunt!)
Sålat (alt), Salåt	Salat
Salf	Prügel; *salfm* (prügeln)
sanemål	zuletzt. *Sanemål håb i åba solche Salf kriagt.*
Sasaka	Verhacktes, Brotaufstrich
Sauga, Saiga	Sau. Eine kleine Sau ist *a Saugale.*
Saumågn	Magen, der alles verträgt; derber Mensch
Sauwabm	unangenehme Frau (sehr derb). *De Sauwabm håt åls da Schante dazölt.* (Dieses Miststück hat alles der Polizei erzählt.)
Schalalan	Schüsselchen, Schalen. *Gingale, reicht a Schalale alan a oda brauchst a Tazale a?* (Günter, genügt eine Schale oder brauchst du auch eine Untertasse?)
Schalin	Jalousien, Rollläden
Schante	Landpolizist, Gendarm

schapm mit der Rute schlagen. Volksbrauch am Unschuldigen-Kinder-Tag. (slow. *šapati*)

schasaugat schlecht sehen

Schatn kleine Holzteile, Abfallprodukt beim Holzhacken oder Hobeln; Geld

schedaweit ofn ganz offen; *in weitn Scheda ofn sein* (weit offen sein)

Scheitl(e) kleines Holzscheit; aber: *a Scheitl zualegn* (sich beeilen); *scheitlknian* (ehemals verwendete Strafmaßnahme für Kinder, die sich auf ein Stück Holz knien mussten)

schekat scheckig, gefleckt, bunt

Schela Schalen von Obst und Gemüse

Schepsa Werkzeug, um die Rinde der gefällten Bäume zu entfernen; *schepsn* (entrinden)

schiach hässlich; aber: *schiach schen* (sehr schön)

Schiagangale jemand, der ein Geheimnis verrät, Petze; *schiagn* (jemanden anschwärzen, (ver)petzen)

schiaglat schielend; *schiagln* (schielen)

Schisale kleine, niedrige Schüssel. *Schisl* (Schüssel)

schita schütter. *De Hår wean mit da Zeit schita und da Schoda weat a imma weniga.* (Die Haare werden im Laufe der Zeit immer weniger und das Geld vermehrt sich auch nicht.)

Schlåg(ram)	Schlag; Sahne, Schlagobers
Schlåmpatatsch	unordentlicher, schlampiger Mensch
Schlatte	Steinschleuder
Schlawanka	dicke Jacke, Joppe
schlawuzig	schlecht gekleidet, ungepflegt, unordentlich, abgerissen
Schlaz	Speichel, Spucke, Schleim; *schlazn* (spucken)
Schlazkigalan	Murmeln; *schlazln* (mit Murmeln spielen)
schlenggan gehn	ausbüxen, wenn Kinder sich aus dem Staub machen. *Is des Schlangale schon wieda schlenggan gångan.* (Hat der Lausbub sich schon wieder aus dem Staub gemacht?)
schleapan	schlabbern, schnell trinken
schliafn	kriechen, schlüpfen
Schlikkrapflan	Nudeln mit Fleischfüllung, als Suppeneinlage verwendet
Schlikle	kleiner Schluck; *schlikn* (schlucken)
Schmålzmuas	köstliche Süßspeise aus Nudelreis, wird vor allem zu Pfingsten gegessen
schmekn	schmecken, riechen. Wenn man *an nit schmekn kån,* dann kann man ihn nicht leiden.
schnaufm	atmen. *Kån eh kaum no schnaufm, åba de jungan Diandlan abschnudln, dås kåna!*

schneizn schnäuzen. Ein *Schneiztiachl* oder ein *Schneizfezn* ist ein Taschentuch.

schnekn falsch gedacht. *Ich håb gedenkt, dås schmekt guat – aba lei schnekn.*

Schoß Damenrock. *De Tudla håt heit a so a schene Schoß ån.* (Diese fesche Frau trägt heute einen sehr schönen Rock.)

schrems schräg gegenüber, quer, verkehrt, schief. *De Wånd is åba schrems.*

Schremsn Delle, Kratzer (im Auto)

Schrik Riss. *schrikig* (rissig, gesprungen, zersprungen)

Schua(ch) Schuhe; *Schuabandlan* (Schuhbänder) *Schualefl* (Schuhlöffel)

Schuala Schüler. *Dei Schualzegga is heit åba rink.* (Deine Schultasche ist heute leicht.)

Schupfm Schuppen, Nebengebäude

schupfm jemanden stoßen. *Traust di eh nit mi zan Schupfm, du Staudnhuka.* (Du hast nicht den Mut, mich zu stoßen, du Feigling.)

Schupfnudl besondere Nudelart aus Kartoffelteig

Schwachta (abwertend für) Sippschaft (slow. *žlahta*: Verwandtschaft)

schwanzn der Schule unentschuldigt fernbleiben, ärgern. *Mi håt des echt gschwanzt, dås i kane Schupfnudl mehr kriagt håb. Dabei håb i eh de letzte Stund gschwanzt, damit i eanta daham bin.*

Schwårzba	Heidelbeeren, Schwarzbeeren
schwårzriglat	schwarz gefleckt
Schwiza	Angsthase, Feigling. *Seas, du ålta Schwiza.* (Servus, du alter Angsthase.)
Schwizkåstn	Kärntner Würgegrifftechnik. *Sebm håta mi schen im Schwizkåstn ghåbt.* (Damals konnte ich mich unmöglich aus seinem Würgegriff befreien.)
sebm	damals
sege	jener, -e,-es, dieses. *Sege Seigale keat mia.* (Dieses kleine Sieb gehört mir.)
selewol	freilich, wohl, in der Tat, das schon
Sempahefn	eine ständig nörgelnde Person
setan(e)	solche. *Setane Spinarin håb i noch nia gsegn.* (Eine solche Spinne habe ich noch nie gesehen.)
siefln	rutschen, gleiten
siha	sicher, ja (extremes Befürworten); *sihalich* (freilich, sicherlich, zweifelsfrei)
Soachsechta	Nachttopf
Spal	(Holz)Schiefer
spåt	spät
Spaze	Zeit. *Des geht si no aus, då håb i no a bisl a Spaze.*
spazn	entrinden, gefällte Bäume entästen
spea	zuwider sein, ungut, schwierig, unwohl. *Mia is so spea, i muas glei speibm.* (Mir ist sehr, sehr übel

spegaliern	überlegen, nachdenken
Speibe	Erbrochenes; *speibm* (sich übergeben, kotzen); *Speibale* (Baby, das häufig Teile des Essens erbricht)
spenan	von der Mutterbrust entwöhnen (bei Tieren); letztes Patengeschenk geben
Springingale	Kind, das nicht still sitzen kann
Stab	Staub; *stabm* (stauben, Staub aufwirbeln, jemanden verjagen)
stampan	vertreiben, verjagen (ital. *stampare*: stanzen, drucken)
Stångan	Stange. *Mit da långan Stångan Schlångan fångan.*
Steaz	eine Art Polenta (Schmarren aus Grieß, Fett, Wasser und Salz)
stiadln	stöbern, suchen (meist unerlaubt)
Stiazler	Herumtreiber; *stiazln* (sich herumtreiben)
stiftn gehn	sich aus dem Staub machen, ausbüxen
strafn	Holz transportieren
Strankalan	Fisolen, grüne Bohnen
Strempfa	dicke Beine; Gerät zum Zerkleinern von Lebensmittel z. B. Kartoffel (*Erdepflstrempfa*)
Stupfa	Stich; *stupfig* (stachelig); *stupfm* (stechen, pieksen)
Sunroasn	Sonnenblume(n)

Tåchtl Ohrfeige. *Reiß di zåm, sunst kriagst a Tåchtl.* (Benimm dich, sonst bekommst du eine Ohrfeige.)

tamisch wütend, verrückt, närrisch. *Håta tamische Schwamalan* (Pilze) *gesn?* (Ist er komplett verrückt?). *A tamischa Hund* ist ein verrückter Kerl. *Das tamisches Adale* ist eine äußerst empfindliche Stelle am Ellbogen. *A tamisches Hansale* ist ein aus einer Zwirnsspule gemachter Kreisel.

Tanz Dummheiten, Blödsinn, Faxen, Unfug, Widerspenstigkeiten, Sonderwünsche. *Måch kane Tanz!* (Mach keinen Unsinn!)

Tåpa Finger, Finger- oder Fußabdruck. *Tapalan* (Spuren kleiner Kinderschritte)

tasig ruhig, müde, still, in sich gekehrt, schlapp

Tate Vater

Taubm Taube; Mädchen. *Des is a fesche Taubm, de Schualfreindin vom Andalan.* (Die Schulfreundin von Andi ist ein hübsches Mädchen.)

taugn	gefallen. *Hund he, des taugt ma nit gåraso.* (He, Kerl, das gefällt mir nicht besonders gut.)
tea	unempfindlich, apathisch, taub, abgestumpft
tearisch	schwerhörig; taub, nicht hören wollen
Teaz	junger Ochse; Trottel, ungehobelter Mann
Tegale	Schüsselchen, kleiner Behälter
Teggl	Dreck, Matsch, Schlammgemisch. *He, bist in Teggl einegstiegn, gö?* (Bist du in den Matsch hineingetreten, nicht wahr?)
Tegl	Gefäß, Tiegel; ungehobelter, unsympathischer, ungeschickter, blöder Mann oder Junge
Teifleine!	Verdammt!
Teige, Teigas	Teufel, Mistkerl, schlimmer Mensch
Tekle	aufgestellte Vorrichtungen zum Trocken von Getreide, Getreidemännchen (mhd. *tocke*: Puppe, Bündel)
tepat	unklug, dumm, verrückt
Tepscha	Delle. *Du håst an gscheidn Tepscha.* (Du bist verrückt.)
Tetschn	Ohrfeige
Tiakn	Mais. *Tiaknåka* (Maisfeld); *tiaknschneidn* (Mais silieren); *Tiakntschuatschn* (Maiskolben)
tindan	knallen, schlagen, eine Ohrfeige geben

tischgariern	Smalltalk, plaudern; längeres, unterhaltsames Gespräch
Togga	dummer, geistig beschränkter Mensch
toggan	fest und viel arbeiten
Topfm	Topfen, Quark; von geringer Qualität, viele Mängel aufweisend, minderwertig. *Des Gånze is a festa Topfm!* (Das ist eine äußerst unangenehme Situation.); *Topfmnega* (Person mit sehr heller Haut); *Topfmgolatschn* (Quarktasche); *Topfmpalatschinkn* (mit Quark gefüllter Pfannkuchen)
Tråla	festes, großes Mädchen
Tram	Pfosten aus Holz, Hauptbalken des Dachstuhles, Querbalken an der Zimmerdecke, Bauholz; Traum
tramhapat	schlaftrunken, verschlafen, unausgeschlafen, verträumt (im negativen Sinn). *He, bist a bisale tramhapat heit, ha!* (Bist du heute unausgeschlafen?)
Tranga, Trånga	dumme, unbeholfene Frau
Treapm	blöde, tollpatschige Frau (slow. *trapa, trepa:* dumme Frauensperson)
trentsch(l)n	sabbern; *Trentschpatale* (Lätzchen)
triknan	trocknen
T(ia)rischpl	Türschwelle
Tristn	in einer Reihe geschlichtetes Brennholz
tropfazn	tröpfeln

Truta	böser Schlafgeist, der sich während eines Albtraumes auf die Brust des Schlafenden setzt und ihm scheinbar die Luft zum Atmen nimmt
trutzn	unablässig um etwas bitten, etwas unbedingt haben wollen, ertrotzen
Tschakl	Hut; »Mädchen für alles«
Tschåldra	dumme, einfältige, unbeholfene, ungeschickte Frau
Tschalpale	Kinderrassel; *tschalpan* (rasseln, klingen)
Tschåpalanwåsa	Limonade. *Tschåpale* (dumme, aber gutmütige Person; meist ist ein Kind gemeint); *Tschåpl* (Mensch mit beschränkter geistiger Kapazität, Einfaltspinsel); *Tschåplochta* (Dummkopf)
Tschatsch	wertlose Dinge, unnützes Zeug
tschatschln	spielen; intim sein
tschaupat	kränklich, zerzaust, unansehnlich
Tscheafl	Schuhe (meist sind damit alte, ausgetretene Schuhe gemeint); dummer, einfältiger Mensch; *tscheafln* (schlurfend gehen, lustlos schlendern); *Tscheafltaksi* (zu Fuß gehen)
Tschentsche	nörgelnder Mann; *Tschentschn* (nörgelnde Frau); *tschentschn* (raunzen, jammern, Unmut äußern)
tschepan	klappern, klirren, donnern, zusammenstoßen

tschindan	rasseln, klirren
Tschinehane	Einfaltspinsel
Tschingale	kleinster, schwächster Nachkomme bei Tier und Mensch; *tschingat* (kränklich, schwach); *Tschinge* (schwacher, alter Mann; kränkliches, schwaches Tier)
Tschinkl	Taschenmesser, Klappmesser
Tschipl	eine kleine Menge, Haufen
tschipln	an den Haaren bzw. Ohren ziehen
Tschmaunge	ständig jammernder Mensch, unzufriedene Person; *tschmaungn* (leise jammern, weinerlich reden)
tschmeagn	Unmut äußern, nörgeln
Tschoda	dichter Haarschopf, ungepflegte Frisur; *tschodan* (jemanden fest an den Haaren ziehen); *tschodrat* (unfrisiert, zerzaust)
Tschoja	Eichelhäher (slow. *šoja*)
Tschompe	Kartoffel, Erdäpfel
tschopfm	an den Haaren reißen
Tschreapm	Kochtopf, Schüssel
Tschriap	Tölpel (slow. *črep*)
Tschriasche	Idiot, verwirrter Mensch, Schwachkopf
tschuan	langsam arbeiten, trödeln, Zeit verplempern; *Tschuararei* (Trödelei); *Tschuare* (langsam arbeitender Mensch, phlegmatische Person)
Tschuatschn	Maiskolben; Zapfen von Nadelbäumen;

	Kopf. *He, i gib da glei ans auf de Tschuatschn, bleda Hund.*
Tschudale	naives Mädchen
Tschufitl	Waldohreule; Frau mit zerrauften Haaren
Tschumpa	geistig zurückgebliebener Mensch
Tschumplhuaba	sowohl geistig als auch körperlich sehr träger Mensch
Tschumpus	Gefängnis
(uma-)tschupan	trödeln, herumwerkeln
Tschwåte	ein sehr langsam denkender und handelnder Mann; *tschwåtln* (hatschen, langsam gehen)
Tuatscha	Krach, vor allem beim Zusammenstoßen von zwei Ostereiern; *tuatschn* (zusammenschlagen, zusammenstoßen). *Alan tuatschn* (ist ein alter Osterbrauch)
Tuk	Schrulle, Eigenart, Fehler, (unangenehm auffallende) Angewohnheit
tukn	bücken, sich ducken
Tule	Ochse, Stier; sturer Mensch
Tuscha	lauter Knall; unangenehmer, ungehobelter, derber Mensch. *Dea håt an festn Tuscha.* (Der ist nicht ganz dicht); *tuschn* (knallen, schlagen). *I wea da glei ans tuschn.* (Ich werde dir gleich eine Ohrfeige geben.)

uma	herum, herüber. *Kum uma, du Tschuare!* (Komm herüber, du Trödler!)
umagampan	herumspringen, unkontrolliert bewegen
umajaikn	herumjagen
umakåspan	herumalbern. *Muast so umakåspan, håst ka Årbeit?* (Musst du so herumalbern, hast du nichts zu tun?)
umalumpan	sich die Zeit (meist in Gasthäusern) vertreiben. *Bis fünfe in da Frua håt de Duaris umaglumpat!* (Bis fünf Uhr früh hat sich Doris herumgetrieben.)
umamachln	herumwerken, herumhantieren. *Opale, wås tuastn in da Beihitn schon wieda umamachln?* (Opa, werkst du schon wieder in der Bienenhütte herum?)
umanånd	herum
umanånda-druckn	herumdrücken, nicht die Wahrheit sagen wollen
umanånda-hirschn	ziel- und planloses Herumgehen (meist im Wald)
umapfleastan	herumsitzen. *Den gånzn Tåg pfleastat de faule Wabm schon da uma.* (Den ganzen

Tag sitzt diese faule Frauensperson schon hier herum.)

umaplean herüberschreien, lautstark herumjammern. *Muast jå nit so umaplean, bin jå nit tearisch.*

umasiadn nörgeln, brummen, schlecht gelaunt sein

umasunst umsonst, vergebens. *Håst niks gfundn? Bist umasunst umatumghatscht?* (Hast du nichts gefunden? Bist also vergebens herumgegangen?)

umatamischn wild herumtollen, randalieren. *Wån dea an Rapl kriagt, dån fångta ån zan Umatamischn.* (Wenn er einen Wutanfall hat, dann fängt er an zu randalieren.)

umatum herum, rundherum. *Umatum pikt da Henig.* (Überall klebt der Honig.)

ume hinüber

umeflakn sich niedersetzen; etwas achtlos wegwerfen. *Flak di ume.* (Setz dich dort hin. Mach es dir dort gemütlich.)

umlegn sich umziehen. *Geh di gschwind umlegn, de Kirchn fångt glei ån.* (Zieh dich schnell um, die Messe beginnt gleich.)

umesülban etwas mit Wucht irgendwohin werfen

unta unter. Ein *Untawåsawåsalåsa* ist jemand, der ins Wasser pinkelt.

Untagate Unterhose; auch: *Untaflagge, Untafleazn*

untakeman sich an etwas erinnern

urasn verschwenden

vaeatan	wegräumen, versorgen
vagachn	sich irren, in der Eile etwas verwechseln. *Håb i mi eanta vagacht und bin fålsch åbgebogn, oda warum suns kimt ma auf da Autobåhn a Fliega entgegn?*
vagumpan	verlieren, verlegen. *Håst schon wieda deine Påtschn vagumpat?* (Hast du schon wieder deine Hausschuhe verlegt?)
vagunan	vergönnen. *Vagunst ma går niks, du geitischer Hund.*
Vahåkats	Brotaufstrich. Wird auch *Sasaka* oder *Schweinemarmelade* genannt.
Vahau	Misserfolg
vakialt	verkühlt, krank. *Sefale, bist vakialt oda vapleat?* (Josefa, bist du verkühlt oder verweint?)
valådn	sich über jemanden lustig machen, jemanden einen Streich spielen
vaplempan	vergeuden, verschwenden
varaman	wegräumen. *Muast åls so varaman, dås ma niks mehr findat?* (Räume nicht alles weg, man findet ja nichts mehr.)

vareibn	irrsinnig werden, an etwas zugrunde gehen. *Ba dea Hiz vareibst!* (Bei dieser Hitze wird man noch verrückt.)
vasaman	versäumen. *Kum mit, sunst vasamst gach wås.* (Komm mit, sonst versäumst du vielleicht etwas.)
vaschnaufn	sich kurz ausrasten. *I wea a bisale vaschnaufn und ane Veiganlan brokn.* (Ich werde kurz rasten und währenddessen ein paar Veilchen pflücken.)
vawiksn	Geld sinnlos ausgeben, vergeuden
vawoatakln	verderben, verwackeln. *Wieso san de Urlaubsbülda so vawoataklt?* (Warum sind die Urlaubsfotos so verwackelt?)
vazetn	etwas ungewollt ausstreuen. *Tua nit dås gånze Hei vazetn!*
Vazupf di!	Verschwinde!
viacha, vira	hervor. *Kum untan Tisch viacha, du Schwiza.* (Komm unter dem Tisch hervor, du Angsthase.)
viakeman	vorkommen, den Eindruck haben. *Mia kimt via, dås du di in des Diandle vaschaugt håst.* (Ich habe den Eindruck, du hast dich in das Mädchen verliebt.)
vron	voran; *vronaus* (voraus)
vuadrisch	vorwärts
vuafeatn	vorvoriges Jahr, vor zwei Jahren

wach	weich; *Wachbian* (vergesslicher Mensch)
waichn	weihen; *Waichwåsser* (Weihwasser)
Wålga	dicke Jacke aus gewalkter Wolle
wålgn	walken, rollen; etwas oder jemand befindet sich nicht am richtigen Ort. *Wo wålgstn du umanånd?* (Wo bist du die ganze Zeit?)
wamsn	werfen, schlagen. *I wams da glei ane.* (Ich werde dich gleich unsanft berühren.)
wantln	unsicher gehen, torkeln
wantsch	fest, kräftig, stattlich, ordentlich, tüchtig, hübsch. *A wantsche Tudl* ist eine rundliche Frau.
Wåsa	Wasser
Wåschkuchl	Waschküche; dichter Bodennebel. *In Hiazndùaf untn is in da Frua ima de reinste Wåschkuchl.*
waschln	regnen; *waschlnås* (völlig durchnässt, triefnass)
was nit ha	Ausdruck der Unentschlossenheit

Watschn	Ohrfeige. *Watschngfries* (Gesicht bzw. Gesichtsausdruck, das bei manchen den Wunsch auslöst, in dieses Gesicht zu schlagen)
Wauga	Bösewicht
Waz(a)n	Germteigkuchen; ähnlich dem *Reindling*
Weachtåg	Wochentag, Werktag; *Weachtågsgwånd (*Arbeitskleidung, Werktagsgewand)
weane, weanig	wenig
weat	es wird. *Weat schon wieda wean.* (Es wird schon wieder werden; ein Trost.)
weata	wird (d)er. *Weata Weatasee zuafrian oder weata nit.* (Wird der Wörthersee zufrieren oder nicht?)
Webasn, Webasle	Wespe; lebhaftes Kind. *Dås Webasle håltat an gånz schen auf Trab.*
Wedl	leichtfertiger, böser Mensch; Nichtsnutz
Weimpalan	Rosinen. In jeden *Reindling* gehören *Weimpalan.*
weißign	ausmalen, tünchen, weiß färben
wengat	nicht rund; *Wengn* (Delle)
Weschge, Weschgl	Lausbub. *Håt da Weschgl schon wieda Wiama gfångan?* (Hat dieser Lausbub schon wieder Würmer gefangen?)
Weta	Wetter; Gewitter. *Weat a Weta keman?*
wia	wie. *Wia da Togga im Steaz* verwendet man, wenn jemand etwas übereilt macht oder voreilig ist.

wiastn	verschwenden
Wiks	Schläge; *wiksn* (schlagen)
windig	unzuverlässig, verantwortungslos, unruhig. *A windigs Mangale.* (Ein unsympathischer Mann.)
Wischpale	Trillerpfeife, »Pfeiferl«
wischpln	leise reden, flüstern
wol	ja, wohl, doch. *Is wol recht so.* (Ist schon in Ordnung.)
wölchana	welcher
woltan	ziemlich, sehr
wuadlat	verwirrt, durcheinander. *Bist a bisle wuadlat, oda wås?*
Wuazn	Wurzel. *A Zwidawuazn* ist ein schlecht gelaunter Mensch.
Wuggalan	Haarlocken. *De Wuschkra håt schene Wuggalan.* (Diese dicke Frau hat wunderschöne Locken.)
Wuggl	verfilztes Haarknäuel. *Den Wuggl mias ma ausaschneidn.*
Wusale	etwas Winziges; lebhaftes, liebes Kind; *wusln* (viele Lebewesen bewegen sich auf engem Raum)
Wuzale	Kleinkind, Säugling

Z

zabresln	zerbröseln; verunglücken, stürzen. *Heit håts mi voll zabreslt.*
zach	zäh. *Is des a zacha Hund!*
Zachn(t)	Zehe; auch: *Zeachn*, *Zeachnt* oder *Zechn*
Zaga	Zeiger. *Du gehst ma am Zaga.* (Du nervst mich.)
zalempat	beschädigt, kaputt, zerlumpt
zåmgetindat	heftig zusammengestoßen. *Mir san so zåmgetindat, dås i Steandlan gsegn håb.* (Wir sind so heftig zusammengestoßen, dass ich Sterne gesehen habe.)
zåmle(m)pan	kleinweise zusammenkommen
zåmpikn	zusammenkleben
Zåmpuzach	eingesammelter Müll, Reste
zåmtschindan	zusammenstoßen. *Då sein ma mit de Tschuatschn zåmgetschindat.* (Da sind wir mit den Köpfen zusammengestoßen.)
Zapin	Werkzeug zum Ziehen von Stämmen; auch: *Zapl*

Zatale	Liebling, Liebes
zawås(n)	wofür, wozu
zeggatsn	sekkieren, ärgern
Zegga	Schultasche; *a guata Zegga* (ein gutmütiger Mensch)
Zent	Zähne; Cent
zepfn	Zöpfe flechten. *Am bestn håt mei Omale zepfn kenan.*
Ziachzågga	Handwagen, Handkarren
Zibalan	Ringlotten
Zimat	Zimt
zintln	zündeln
zintn	zünden; ohrfeigen; *a Kiazn anzintn*
Zipfa	unangenehmer, provozierender Mensch; *zipfn* (ärgern, nerven, stören)
Ziwale	kleine Steinfrucht
zizalweis	nach und nach
zlatn	zurecht. *Kumst zlatn?* (Kommst du zurecht?)
zniacht	schwach, wertlos; *a zniachts Mangale* (ein schwacher Mann); *Zniachtl* (kleine, schmächtige Person)
Zokl	Holzpantoffel; *zokln* (langsam, schlürfend gehen)
Zotn	ungepflegte, lange Haare; Lumpen, alte Kleidung; *Zotnklauba* (Lumpensammler, ungepflegte Person)

zrecht	zurecht; *zrecht keman* (zurechtkommen, genau im richtigen Augenblick kommen)
Zuanpingale	zorniges Kind; *Zuanpingl* (jähzorniger, unberechenbarer Mensch)
Zukareingale	Hefegebäck
Zuz(ale)	Schnuller; *an Zuz hobn* (betrunken sein); *mit an Zuz hamsteign* (betrunken nach Hause gehen); *Zuzrocka* (Jugendliche, die ein Moped besitzen und James Dean oder Marlon Brando nachahmen)
Zuzl	verfilzte Haarteile
zwegn	daher, »zu Wegen«; *zwegnkeman* (daherkommen, des Weges kommen, erscheinen); *zwegnbringan* (eine Leistung erbringen)
Zweschpl	einfältiger (meist junger) Mensch
Zweschpm	Zwetschke
Zwifl	Zwiebel; Uhr
zwifln	ärgern, schikanieren, sekkieren
zwitschan	zwitschern; trinken. *Weama a Biale zwitschan?* (Trinken wir ein Bier?)
zwüln	schreien (Kleinkinder), kreischen; *Zwüla* (lauter Schrei)
Zwutschkale	kleines süßes Kind

Das Wo und das Wie im Kärntnerischen

SPRACHREGIONEN

Das Kärntnerische gehört zu den südbairischen Mundarten. Die grobe Einteilung trennt traditionell drei Bereiche: Oberkärntnerisch wird im Lurnfeld, im oberen Drautal, im Gail- und im Mölltal gesprochen. Das Mittelkärntnerische nimmt den größten Raum ein, es umfasst das Glan-, Gurk- und Metnitztal, das Zoll- und Krappfeld, das Klagenfurter und das Villacher Becken, das untere Drautal und das Liesertal. Das Unterkärntnerische wird im Görtschitz- und Lavanttal gesprochen. Die wesentlichsten Unterschiede liegen in verschiedenartigen Färbungen einzelner Vokale sowie – punktuell – im Wortschatz.

Außer dieser West-Ost-Einteilung gibt es eine weitere, die Nord-Süd-Gliederung – nach der Entwicklung des Diphthongs »ei« im Norden zu »oa« und im Süden zu »a« (*kloan* bzw. *klan* für »klein«). Typische »oa«-Gebiete sind das obere Möll- und Liesertal, das Katschtal, Ebene Reichenau, Bad Kleinkirchheim, Metnitz- und Gurktal, das Krappfeld und das Görtschitz- und Lavanttal. Zum »a«-Gebiet gehören das Glantal, Feldkirchen, Ossiach, Millstatt, das untere Mölltal und das ganze Gail- und Drautal.

Im Rosen- und Jauntal, im unteren Gailtal sowie im Raum Eisenkappel ist die slowenische Sprache in seiner mundartlichen Ausprägung heute noch am stärksten beheimatet. Der Einfluss auf das Kärntnerische ist in manchen slowenischen Lehnwörtern zu spüren (z. B. *Strankalan* für »Fisolen« bzw. »grüne Bohnen«).

KÄRNTNER SPRACHKUNST

»Sprechen Sie Kärntnerisch?« ist eine bunte Mischung quer durch den Kräutergarten des Kärntner Wortschatzes. Viele der für dieses Buch ausgewählten Wörter werden – wenn auch mit einer leicht differenzierten Aussprache – in allen Gebieten Kärntens verwendet. Aber auch einige nur regional verwendete Ausdrücke (z. B. *Tschompe*) wurden in die Sammlung aufgenommen wie sehr alte und selten verwendete Wörter (z. B. *Brasetn*). Weiters haben umgangssprachliche Ausdrücke (z. B. *Fluaschådn*) und deren bildhafter Gebrauch hier ihren Platz gefunden, um einen Einblick in die Lebendigkeit der Kärntner Sprache zu geben.

Dieses Buch erhebt keinen wissenschaftlichen Anspruch. Die Wahl der phonetischen Transkription ist so erfolgt, dass wir uns schlicht und einfach bemüht haben, das Schriftbild so weit wie möglich der Aussprache anzugleichen. Eine einheitliche Schreibweise für Dialekt- und Mundartausdrücke gibt es nicht, also warum nicht eine eigene kreieren? Und so wie es für jedes Gerät eine Bedienungsanleitung gibt, hier ein paar Anmerkungen zur Verwendung dieses »Sprachführers«:

Ein sehr schwierig darzustellender Vokal ist der o-gefärbte a-Laut. Dieses dunkle »a« wird als »å« geschrieben (z. B. *Klågnfuat*), wie es auch in der breit veröffentlichten Kärntner Mundartdichtung der Fall ist. In Wörtern, bei denen auf einen langen Vokal ein »r« folgt, wird dieses »r« als »a« ausgesprochen (z. B. *hean*) auch wenn es in Kärnten Gebiete gibt, in denen ein Ansatz dieses »r« noch zu hören ist (*hearn*). In diesem Buch wird hauptsächlich der ersten Variante Rechnung getragen. Eine Besonderheit der Kärntner Sprache wurde bei der schriftlichen Umsetzung ebenfalls nicht berücksichtigt, nämlich die so genannte Kärntner Dehnung. In vielen wissenschaftlichen Arbeiten wird ein langer Vokal

durch einen nachfolgenden Doppelpunkt (z. B. *Schi:sale*) gekennzeichnet. Der Einfachkeit halber wurde darauf verzichtet. Diesem Prinzip folgend sind »scht«, »schd«, »schb« und »«schp« unter »st« sowie »sp« zu finden. Weiters sind »ü« und »ö« phonetische Realisierungen von »i« und »e« vor »l« (z. B. *Mülch* oder *Göld*).
Der Unterschied in der Aussprache von »b« und »p« bzw. von »d« und »t« ist im Kärntner Dialekt auch nicht immer eindeutig und variiert von Region zu Region. Die Schreibweise des Wortes wird hier weitgehend dem Pendant in der Schriftsprache angepasst. Das *Bleamle* wird wie das »Blümchen« mit »B« geschrieben, *dechta* heißt »doch« im Unterschied zu *Techta* (Töchter). Eine Besonderheit des Kärntnerischen sind auch die Endungen *le* (Singular) und *lan* (Plural, häufig auch Dativ Singular). Wenn einer *a Busale kriagt,* dann freut er sich. Über *zwa Busalan* freut er sich aber noch mehr. Wer nicht?

Abkürzungen
ital. = italienisch
lat. = lateinisch
mhd. = mittelhochdeutsch
slow. = slowenisch

Literatur

Döpper, Lisbeth: Beiträge zur Kärntner Mundartforschung. Klagenfurt 1996

Harand, Leo (Hg.): Karl Morre's Gedichte und humoristische Vorträge. Graz 1899

Kranzmayr, Eberhard: Klagenfurter Dialekt. In: Die Landeshauptstadt Klagenfurt. Aus ihrer Vergangenheit und Gegenwart. Band II. Klagenfurt 1970

Lexer, Matthias: Kärntisches Wörterbuch. Leipzig 1862

Lorenz, Gerhard (Bearb.): Das ist Kärnten. Geschichte. Kultur. Landschaft. Klagenfurt 1978

Manesnegger, Margit: »Kärntner Mundart«. Kommentierte Bibliografie des wissenschaftlichen Schrifttums. Klagenfurt 1978

Mayer, Simon Martin (Hg.): Anton Ueberfelder's Kärntnerisches Idiotikon. Klagenfurt 1862

Meyer, Franz: Beiträge zur Kärntner Mundartforschung. Klagenfurt 1996

Pohl, Heinz-Dieter: Kärntnerisch von A – Z. Ein kleines Wörterbuch. Klagenfurt 1994

Pohl, Heinz-Dieter: Kleine Kärntner Mundartkunde. Klagenfurt 1989

Schneeweiss, Josef: Beiträge zur Kärntner Mundartforschung. Klagenfurt 1991

Wieser, Friederike: Die Bauernmundart von Glanegg. Klagenfurt 1998

Wieser, Friederike: Die Kärntner Mundart und ihre Dichtung von 1970 bis 2000. Klagenfurt 2001